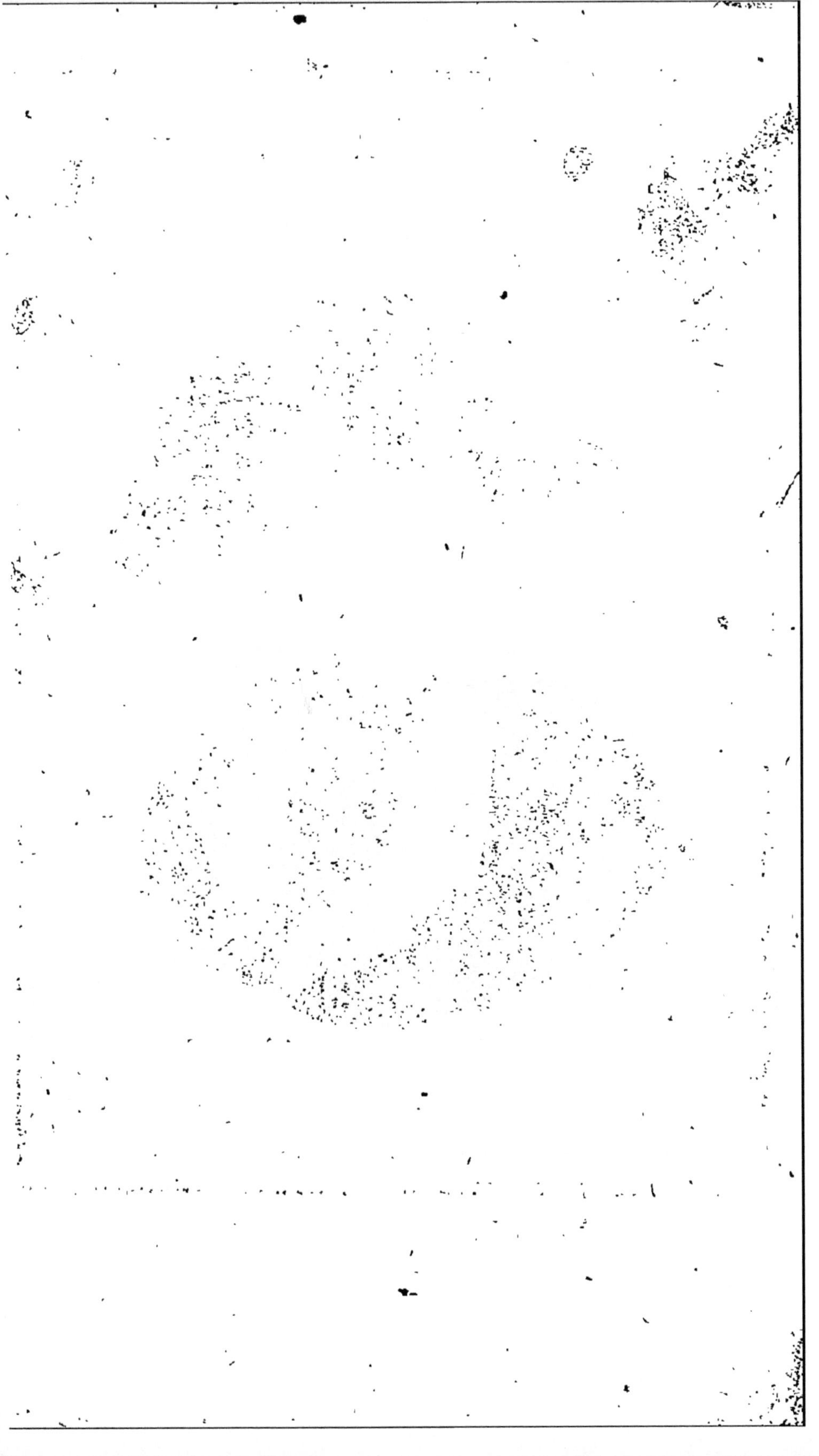

VIE

DU GÉNÉRAL PICHEGRU,

CONTENANT les divers Évènemens qui l'ont illustré, ses Victoires, sa Déportation à Cayenne et à Sinamary, la Description de ces funestes pays, son arrivée à Londres, son arrestation à Paris, sa captivité au Temple, et les Détails circonstanciés de sa Mort.

Publiée par J. M. GASSIER.

PARIS,

Chez ANTHER, Imprimeur-Libraire, au Palais de Justice, salle Neuve.

DE L'IMPRIMERIE D'AUBRY.

VIE

DU GÉNÉRAL PICHEGRU.

Sı la révolution qui a pesé si longtems sur la France, en portant sur ses belles contrées le fer, la flamme et le carnage, a montré jusqu'où a pu aller l'audace du crime, on ne peut cependant désavouer que l'exaltation du patriotisme n'ait enfanté des prodiges. Au milieu de tant d'horreurs, on aime à trouver de ces hommes qui n'embrassant aucune faction, mais croyant servir seulement leur patrie, se sont montrés par leur courage, leur qualités brillantes, dignes du nom Français; et l'on peut dire avec raison, que la gloire des armes sauva, à cette époque, ce beau pays de l'infamie dont il était couvert par une poignée d'ambitieux qui rivalisaient alternativement à qui coopéreraient le mieux à sa perte. Cette malheureuse révolution enfanta des héros qui firent passer dans l'ame des guerriers qu'ils conduisirent à la victoire, cette grandeur d'ame dont ils étaient eux-mêmes pénétrés, ce courage invincibles dont ils étaient animés, et s'ils devinrent les tristes victimes d'une cause qu'ils avaient embrassée et qu'ils servirent avec tant de succès, la postérité se rappellera toujours leurs noms avec orgueil, et saura les distinguer de cette foule de vampires qui dévora dans ces tems malheureux jusqu'à la prospérité des armées françaises. Le général Pichegru est un déplorable exemple de ce que peut l'envie et la basse jalousie excitées par le talent, contre un homme qui avait passé les limites de la gloire par les plus brillans exploits ; et s'il périt victime de la plus noire trahison, il ne faut l'imputer qu'à l'éclat de ses victoires, qui ne lui servirent qu'à hâter sa perte méditée depuis long-tems.

Le général Pichegru naquit en 1761, à Arbois, petite ville de la Franche-Comté, province connue à présent sous le nom de département du Jura. Sa famille ne fut ni illustre ni opulente, mais la gloire qu'il répandit sur elle suffit pour la tirer de cette obscurité bourgeoise dont il était issu. Il fit ses premières études au collége d'Arbois, et sa philosophie chez les minimes de cette ville. Ces bons pères ayant reconnu dans leur jeune élève un goût décidé pour les sciences exactes, l'engagèrent à aller répéter la philosophie et les mathématiques dans le collége qu'ils avaient à Brienne. Il y alla, autant pour se fortifier dans les connaissances qu'il avait déjà, que pour les enseigner aux autres. A la fin de son cours il s'enrôla en 1783, dans le premier régiment d'artillerie. Ses supérieurs ne tardèrent pas à découvrir dans le jeune militaire les connaissances précieuses qu'il avait dans l'art de l'artilleur, ce qui lui valut en 1785, le grade de sergent, et en 1789 celui de sergent-major. Ce grade était le dernier auquel pouvait aspirer celui dont la naissance roturière l'éloignait des autres. Mais la révolution qui commençait à éclater, lui fournit bientôt les moyens de déployer ses talens militaires et de parvenir aux grades les plus élevés. Un bataillon du Gard étant à Besançon, et se trouvant sans chef, la société populaire de cette ville lui présenta Pichegru, dont l'ame ardente avait embrassé la révolution, et qui à cette époque présidait cette société. Ce bataillon l'accepta pour commandant. Envoyé à l'armée du Rhin, il parvint en peu de tems à un grade plus élevé, mais il ne dut son avancement qu'à sa bravoure et à ses talens personnels. Lors de la perte des lignes de Weissembourg, Lebas et Saint-Just, représentans du peuple, alors à Strasbourg, sachant que Pichegru était d'une naissance bourgeoise, qu'il avait de l'éducation, du service, des connaissances et des talens militaires, le nommèrent général en chef de l'armée du Rhin ; mais il lui associèrent Hoche, général en chef de l'armée de la Moselle. Ce deux armées réunies, mirent en fuite les troupes de la coalition, débloquèrent Landau, et forcèrent l'ennemi à chercher son salut dans Mayence.

Cependant il était impossible que deux chefs, commandans la même armée, ne fussent pas désunis d'opinions sur les opérations militaires. Malgré que tous deux n'avaient pour but que la prospérité des armées françaises ; ils ne purent se défendre d'un esprit de rivalité qui aurait nécessairement nui à leurs succès, si le comité de Salut-Public ne se fut empressé de rappeler Pichegru à Paris, et de le nommer général en chef des armées du Nord et de Sambre-et-Meuse. A peine cette armée eut-elle Pichegru pour chef, qu'il parvint à y ramener cette discipline militaire qui assure le succès, et à la tirer de l'état de découragement dans lequel l'avaient jetée les progrès successifs des ennemis. Il réussit donc à faire passer dans l'ame du soldat cette ardeur guerrière qui l'animait, et la gloire qu'il s'acquit dans cette glorieuse campagne fut bientôt augmentée par la conquête de toute la Hollande, en s'emparant de toutes les places-fortes de ce pays. Rappelé à Paris en germinal an 3, il fut investi du commandement de la garde Parisienne ; sa réputation, et sa fermeté ne contribuèrent pas peu à rétablir le calme dans cette capitale, et à en imposer aux perturbateurs et aux séditieux qui voulaient y semer cet esprit d'insubordination qui y régnait alors. Peu de tems après, il fut nommé général en chef de l'armée du Rhin-et-Moselle. On avait décidé le passage du

Rhin, lorsqu'il fut chargé de négocier, avec le général Clairfait l'échange de Marie-Thérèse-Charlotte, fille de l'infortuné Louis XVI, et celle des représentans prisonniers en Autriche. Le succès suivit de près ces négociations, et l'échange eut lieu quelques tems après.

L'armée que commandait Pichegru ayant essuyé des revers, il vint à Paris, donna sa démission qui fut acceptée. Mais le Directoire le nomma ambassadeur en Suède; il refusa cette légation; alors on lui accorda le traitement de général de division.

Il se retira dans l'abbaye de Bellevaux, département de la Haute-Saône, où il vécut ignoré jusqu'aux élections de l'an 5. Le peuple ne put voir sans regret un général dont la valeur avait répandu sur nos armées une gloire éclatante, vivre dans la retraite; et sa nomination au Corps législatif prouva que la reconnaissance publique voulait récompenser ses talens, et le dédommager d'avoir été la victime de l'intrigue et de la jalousie.

Arrêté dans la nuit du 17 au 18 fructidor, avec plusieurs de ses collègues, dans le lieu des séances de la Commission des inspecteurs de la salle du conseil des Cinq-cents, il fut conduit au Temple, dans la nuit du 22 au 23. Il partit pour Rochefort où on l'embarqua, lui seizième, pour la Guiane française. Le premier vendémiaire an 6, après une traversée longue, pénible et douloureuse, Pichegru arriva avec ses compagnons d'infortune à Cayenne, d'où on les transporta à Sinamary. Là, ce général se montra aussi grand qu'il l'avait été à la tête des armées. Il eut la douleur de voir plusieurs de ses infortunés collègues y périr.

Comme on aggravait sans cesse sur eux les plus indignes traitemens, il forma la résolution, avec sept des autres déportés, de fuir ce climat pestilenciel : un vaisseau anglais les transporta à Londres où les Anglais leur donnèrent des marques d'estime et de bienveillance. Quelque tems après son arrivée, le Gouvernement anglais lui offrit du service, et de le mettre à la tête d'une expédition contre la France, mais il s'y refusa, en disant qu'il ne porterait jamais les armes contre sa patrie. Un pareil trait suffit pour réfuter les affreuses dénonciations portées contre lui ; mais dans ces tems de révolutions où toutes les passions furent exaspérées, pouvait-on attendre ni raisonnement ni sagesse, et le mérite n'était-il pas un motif pour s'attirer alors la haine de ces gouvernans éphémères, qui se succédaient tour-à-tour, et dont l'ineptie était le moindre des défauts.

Je vais remonter aux premiers jours de germinal an 5, époque à laquelle le peuple se forma en assemblée primaire pour le renouvellement par tiers du Corps législatif. Le département de la Haute-Saône porta Pichegru au Corps législatif, et l'installation s'étant faite le premier prairial, Pichegru fut élu président du conseil des Cinq-cents. Le peu de mots qu'il prononça en montant au fauteuil, prouve que ce général savait allier aux rares talens la plus extrême modestie.

« Citoyens représentans, dit-il, je
» suis pénétré de la plus vive reconnais-
» sance pour les honorables témoignages
» de bienveillance que je reçois de vous ;
» plus j'apprécie les fonctions éminentes
» auxquelles vous venez de m'élever,
» plus je sens mon insuffisance ; je

» connais peu les formes d'usage des
» assemblées délibérantes, j'ai besoin de
» beaucoup d'indulgence, et je vous sup-
» plie de m'accorder toute la vôtre. »

C'est à l'installation du nouveau Tiers que l'on doit faire remonter l'époque de la lutte entre le Directoire-exécutif et le Corps-législatif; ses premiers symptômes, faibles en apparence, devinrent de jour en jour plus embarrassans. Il était d'autant plus difficile de conjurer l'orage que des journalistes vendus aux passions s'étaient imposé l'horrible tâche de répandre tour-à-tour sur ces deux puissances les soupçons, le ridicule et le mépris. Dans le même tems, un corps de troupe s'achemina vers Paris. Le Corps-législatif alarmé demanda au Directoire quelles étaient les raisons qui l'obligeaient, en détachant une partie de l'armée de Sambre et Meuse, à dégarnir la frontière pour faire marcher des troupes dans l'intérieur. Le Directoire répondit d'une manière évasive, et l'harmonie dès-lors fut rompue entre les premiers pouvoirs. Le Conseil des Cinq-Cents nomma Pichegru, et l'ex-général Willot, aussi disgracié, pour faire partie d'une commission chargée de l'examen du message du Directoire sur la marche inconstitutionnelle des troupes.

Dans son rapport, Pichegru fit sentir l'inconvenance des mesures prises par le Directoire, le 12 thermidor ; une loi fixa à douze lieues, de l'enceinte où résidait le Corps-législatif, la limite constitutionnelle que les troupes ne devaient pas franchir. Cette mesure ne fut pas la seule à laquelle le Conseil crut devoir recourir ; une commission s'occupa de la réorganisation de la garde nationale sédentaire. Le Directoire ne vit pas de sang-froid Pichegru membre de cette commission, et il nomma de son côté le général Augereau, arrivant d'Italie, pour commander les troupes réglées qui étaient alors à Paris. De son côté, le Conseil des Cinq-Cents voulut que la garde du Corps-législatif fût sous les ordres des inspecteurs de chaque Conseil.

Tous ces préparatifs hostiles étaient accompagnés d'adresses diffamantes pour le Corps-législatif, que l'on répandait parmi les différens corps de troupes.

Des pamphlets contre les conseils, les représentaient en pleine contre-révolution, et parlaient de vingt mille hommes pour les mettre à la raison. La marche des troupes sur Paris occupa le Conseil pendant plusieurs séances. En vain le Directoire l'attribuait à une erreur de route ; en vain il alléguait des déclarations illusoires faites par des commissaires des guerres. Le Conseil n'en demeura pas moins convaincu que la marche des troupes se dirigeait contre lui-même, et que tout concourait à favoriser les vues secrètes du Directoire.

Le peuple, témoin passif de toutes ces discussions, ne pouvait que gémir, plaindre la patrie, et attendre en tremblant les résultats. Les bons citoyens faisaient des vœux pour le salut de l'État. Les agitateurs, les intriguans, les artisans de discorde souriaient à l'approche d'une commotion générale qui pouvait ouvrir une vaste carrière à l'ambition et à la cupidité. L'armée craignait de voir ses lauriers flétris par les horreurs de la guerre civile. Ce fut au milieu de tant de présages sinistres que s'approche l'époque désastreuse qui devait priver la pa-

trie de tant de citoyens qui l'avaient jusqu'alors dignement servie.

Le 18 fructidor, avant l'aurore, les
habitans de Paris entendirent le canon
d'alarme. Les ponts et les quais se cou-
vrirent de troupes, de canons et de munitions. Chacun, étonné, se demandait
pourquoi cet attirail de guerre au sein
de la cité? Bientôt on apprit que l'on
touchait au dénouement. Le Directoire
devait sortir vainqueur de la lutte. A
cinq heures du matin, les deux Conseils furent cernés. Dix-neuf députés,
parmi lesquels étaient Pichegru et Willot furent arrêtés et conduits au Temple.
On apposa les scellés sur les papiers des
commissions des inspecteurs des deux
Conseils. De longs placards posés sur
les murs de Paris développèrent une
prétendue grande conspiration contre la
République. On y lisait une lettre du
prince de Condé au représentant Imbert
Colomès, et une négociation entre ce
prince et Pichegru, par laquelle ce général, lorsqu'il commandait l'armée du
Rhin, devait livrer la frontière d'Hunin-
gue aux émigrés, marcher sur Paris con-
jointement avec eux, et proclamer

Louis XVIII roi de France. Pour cette expédition, le prince de Condé promettait à Pichegru, au nom du roi, le gouvernement d'Alsace, le cordon rouge, le château de Chambord, son parc et ses dépendances, douze pièces de canon enlevées aux Autrichiens, un million d'argent comptant, deux cents mille francs de rente reversibles par moitié sur la tête de sa femme, et cinq mille francs à ses enfans. (On remarquera que Pichegru était célibataire.) Enfin, la terre d'Arbois, patrie de ce général, qui aurait porté le nom de Pichegru, et aurait été exempte de tout impôt pendant quinze ans.

Les personnes sensées ne furent pas dupes de pareilles sottises, puisque loin d'avoir accepté des propositions si brillantes, et en même-tems si avantageuses, on savait que Pichegru, en quittant le commandement de l'armée, s'était retiré à la campagne, où il vivait frugalement, éloigné des grandeurs et des dignités. Mais il fallait abuser le peuple; il fallait ravir au héros français l'estime qu'il s'était acquise par ses brillans succès, et le Directoire employa bassement les calomnies les plus atroces pour parvenir à ses fins. En conséquence, il assura que Pichegru avait répondu au prince de Condé : « Je ne ferai rien d'incomplet ; je ne veux pas être un troisième tome de Lafayette et de Dumouriez. Mes moyens sont grands comme mes ressources, tant à l'armée qu'à Paris, ils sont sûrs, vastes. Je sais qu'il faut en finir, que la France ne peut rester en république, et qu'il lui faut un roi. Mais il ne faut commencer la révolution que quand on sera sûr de l'opérer efficacement et promptement. Telle est ma devise. Il faut que vous sachiez, lui faisait-on dire, que pour le soldat français, la loyauté est au fond du gosier ; il faut, en lui faisant crier *vive le Roi*, lui donner du vin et un écu dans la main. Que rien ne lui manque dans ce premier moment, et il faut solder mon armée jusqu'à sa troisième ou quatrième marche sur le territoire français.

Ces placards répandus avec profusion, et plusieurs proclamations en imposèrent à la multitude, et le Directoire, en ternissant ainsi la réputation du soldat, qui a bien prouvé depuis qu'il n'était sensible qu'à l'honneur, et que les privations n'étaient rien pour lui lorsqu'il s'agissait de sa gloire. Le Directoire trouva des esprits assez crédules pour ajouter foi à de pareils platitudes; et les deux Conseils, mutilés par lui et privés de leurs plus fermes appuis, déclarèrent que la patrie était encore une fois sauvée par les mesures énergiques prises par le Directoire, et portèrent ensuite des lois qui condamnèrent à la déportation quarante-deux membres des Conseils, du nombre desquels furent Pichegru, et deux Directeurs, Carnot et Barthelemi.

Les membres du Conseil condamnés à la déportation furent d'abord conduits au Temple. Le 22 fructidor, Pichegru et ses compagnons furent mis dans quatre voitures semblables aux voitures de transport de l'artillerie : c'étaient des espèces de cages fermées des quatre côtés avec des barreaux de fer à une hauteur telle qu'ils meurtrissaient ceux qui étaient dedans au moindre cahot.

Le premier vendémiaire, après des fatigues de tous genres, au milieu des injures de ceux qui les conduisaient, et des clameurs de cette classe d'hommes qui ne sait qu'insulter au malheur, les illustres proscrits arrivèrent à la vue de Rochefort; on les conduisit vers le port; c'est là surtout qu'une populace égarée les accabla de ses vociférations; les premiers mots qu'ils recueillirent sur le sol de leur patrie furent des cris de mort et de proscription. On les embarqua sur la corvette la Vaillante, commandée par un nommé Julien. Pichegru, avec trois de ses compagnons, furent conduits dans la Fosse aux Lions. Pour vous quatre, Messieurs, leur dit-on; voilà le logement qui vous est destiné. C'étaient MM. Pichegru, Willot, Dossonville et Ramel. Ils restèrent donc tous les quatre dans les plus épaisses ténèbres, dans cet affreux cachot infecté par les exhalaisons de la cale, et par les cables; n'ayant ni hamac, ni couvertures, ni de quoi reposer leur tête, et ne pouvant se tenir debout.

Je vais rapporter quelque détail sur cet affreux voyage et sur les tourmens qu'on leur fit endurer pendant la traversée.

Le 21 septembre, ils partirent de Surgeres à trois heures du matin, après avoir passé par des chemins affreux, où, durant neuf mortelles lieues , ils furent froissés de toutes les manières , et arrivèrent à trois heures après midi à la vue de Rochefort. Au lieu d'entrer dans la ville , on fit défiler les charettes sur les glacis , et tournant autour de la place ; on les dirigea vers le port.

A mesure que ces malheureux déportés descendaient de dessus les charettes, on les faisait passer dans un canot , et on les conduisait à bord d'un bâtiment à deux mâts , qui était mouillé vers le milieu de la rivière ; c'était le Brillant, petit corsaire pris sur les anglais. Quelques soldats de fort mauvaise mine les firent descendre assez rudement dans l'entrepont , les poussèrent et les entassèrent vers l'avant du bâtiment où ils étaient presque étouffés par la fumée de la cuisine. Ces infortunés souffraient de faim et de soif ; ils n'avaient ni mangé ni bu depuis trente-six heures. On leur apporta un sceau d'eau , et on jeta à côté, avec le geste du dernier mépris , deux pains de munition.

Les sentinelles leur tenaient les plus affreux propos. Pichegru ayant relevé l'insolence du soldat placé au milieu de ses compagnons d'infortune ; tu feras bien de te taire , dit-il au général ; tu n'es pas encore sorti de nos mains ; et cet homme avait à peine seize ans. Enfin , on les fit passer à bord de la corvette la Vaillante , qui aussitôt mit à la voile. Le 22 septembre , à huit heures du matin , on leur jeta un biscuit pour chacun d'eux ; à midi on leur en donna un autre , et on mit au milieu de tous un baquet rempli de gourganes , espèce de grosses fèves cuites à l'eau sans le moindre assaisonnement ; ainsi fut réglée la ration , et ils n'eurent pas d'autre nourriture pendant toute la traversée.

Le lendemain 23 , vers onze heures du matin , l'amiral Martin se rendit à bord de la corvette , amenant avec lui le capitaine Laporte , qui venait par ordre du Directoire remplacer Julien. Bientôt après , ce nouveau capitaine s'annonça d'une manière à prouver que sous la férule de Julien , les déportés n'étaient pas encore arrivés au dernier degré du malheur; car il harangua ainsi l'équipage : « Soldats , je vous ordonne de veiller de près sur ces grands coupables ; et vous , matelots , je vous défends, sous peine de mort, de communiquer de quelque manière que ce soit avec ces scélérats. » S'adressant aux déportés, il leur dit : « Messieurs, vous êtes bien heureux d'avoir été traité avec tant de clémence. » Puis après ce capitaine appareilla et quitta les côtes de France le même jour à cinq heures du soir.

Le détachement qu'on avait mis à bord de la Vaillante, pour garder les déportés, était pour la plus grande partie composé des soldats de la marine qui avaient été renvoyés des îles de France et de Bourbon par M. de Circey, avec les commissaires du Directoire chargés d'apporter à ces colonies les décrets qui avaient désorganisé et détruit les établissemens français aux Antilles. Ces hommes avaient été autrefois choisis dans les bandes révolutionnaires du comité de Nantes, si fameux dans les annales de la terreur, par les massacres et les noyades des prêtres condamnés à la déportation ; ils se racontaient leurs exploits. L'un se vantait d'avoir assassiné son capitaine par derrière pendant une marche, et de l'avoir jeté dans un fossé,

parce qu'il le soupçonnait d'être aristo-
crate. L'autre rapportait froidement le
nombre des prêtres qu'il avait noyés
dans la Loire. Un troisième expliquait
à ses camarades comment se faisaient
les noyades, et les grimaces des infortunés au moment où ils étaient submer-
gés. Plusieurs se vantaient d'avoir as-
sommés à coups de rame ceux qui,
après avoir passé par les soupapes,
cherchaient à se sauver à la nage. Quand
ces monstres suspendaient un moment
ces horribles conversations, c'était pour
chanter des chansons dégoûtantes. Ils
choisissaient l'instant du repos des malheureux dont ils étaient gardiens, et se
plaçant tous à l'écoutille de l'entrepont;
hurlaient des obcénités, des blasphêmes
et des chants de cannibales. Si les déportés leur demandaient grace afin d'obtenir un instant de sommeil, ils les ac-
cablaient d'injures, et reprenaient le
chœur infernal.

Le huitième jour de la navigation,
on voulut bien les laisser respirer pendant une heure chaque jour, mais trois
seulement d'entre eux à-la-fois. Pichegru et deux autres profitèrent de cette

permission ; les autres n'ayant pas la force de sortir de l'entrepont. Le capitaine Laporte n'oubliait aucun des tourmens qui pouvaient faire succomber ces malheureux. Par une recherche de barbarie, il refusait les plus petits secours, les ustensiles les plus indispensables. Les quatre prisonniers de la Fosse aux Lions, Pichegru, Willot, Dossonville et Ramel, lui ayant fait demander au moins un peu de paille ou quelque moyen de se défendre des meurtrissures dans le roulis du bâtiment. « Ils se moquent de moi, s'écria cet indigne capitaine, le plancher est trop doux pour ces brigands ; je voudrais faire paver la place qu'ils occupent. Pichegru était le seul des quatre prisonniers de la Fosse aux Lions qui ne fut pas attaqué du mal de mer. Mais il souffrait d'autant plus de la faim. Il avait des accès de rage ; cependant comme il avait conservé plus de force, il soignait ses camarades.

Au milieu de tant d'horreurs on aime à retrouver ces sentimens d'humanité qui devraient être innés dans le cœur de tous les hommes, et le trait que je vais rapporter plaira d'autant plus que l'on n'aurait pas dû s'y attendre en voyant avec quel acharnement on traitait les déportés. Le 4 octobre, à sept heures du matin, on avait ouvert les écoutilles pour aérer un peu le bâtiment. Un jour un peu plus clair que de coutume pénétrait dans la fosse, les malheureux qui y étaient renfermés luttaient, pour ainsi dire, contre la mort ; leurs regards éteints pouvaient à peine exprimer leurs mutuels adieux, lorsque tout-à-coup le commandant de la garnison du vaisseau, le brave capitaine Hurto, que les déportés n'avaient remarqué que par la décence de ses manières à leur égard, saute dans la cale au milieu d'eux et se blesse à la jambe. Messieurs, leur dit-il tout troublé, ne me perdez pas, ne me perdez pas, je ne puis tenir à tant d'horreurs ; voilà du thé et du sucre, maître Dominique va vous apporter de l'eau chaude, entendez-vous, maître Dominique ; vous pouvez vous fier à lui, au moins ne me perdez pas, j'ai besoin de mon état pour nourrir ma famille, ma pauvre femme ; il articulait à peine, les sanglots l'étouffaient. Ah ! ciel, moi ! moi ! il faut que j'exécute de telles horreurs. Puis il disparut. Bientôt après maître Dominique leur apporta de l'eau chaude et une écuelle. Ce breuvage fut pour eux la manne céleste, il les rendit à la vie.

Ce maître Dominique était le premier maître d'équipage. Cet homme, dont le ton était sévère, même brutal envers les matelots, possédait un cœur sensible et humain; il était sans cesse occupé de procurer quelqu'adoucissement aux infortunés que l'on traitait avec tant de barbarie. Il parvint quelquefois à acheter pour eux du pain et du vin, son active humanité trahit son secret, il fut découvert par le capitaine qui, devant tout l'équipage, lui demanda compte de sa conduite, le menaça des fers et de la mort. Dominique ne démentit point son caractère, il avoua tout : je regrette, dit-il, fermement de n'avoir pu offrir davantage à ces messieurs; je voudrais les soulager au prix de mon sang; faites - moi fusiller tout de suite, que vous faut - il de plus, faites - moi fusiller. Le capitaine resta muet et ne poussa pas plus loin son examen. Cet homme vertueux mourut peu de tems après le retour de la Vaillante.   3

Depuis que les maux violens, causés par le mouvement des vagues, avaient cessé, la cruelle faim produisait parmi les déportés des effets différens. Les uns étaient presque éteints tant ils étaient affaiblis, les autres, tels que Willot, Dossonville, avaient des accès de rage, et les alimens grossiers qu'ils prenaient en trop petite quantité, ne faisaient qu'exciter leur appétit dévorant. Cependant, quelquefois, ils obtenaient à prix d'argent quelque secours ; on calculait pour les dépouiller le degré de leurs souffrances. Un mouvement d'impatience de Pichegru fournit au capitaine Laporte un prétexte de nouvelles vexations envers les quatre prisonniers de la Fosse aux Lions. Le mousse qui les servait, malgré leurs prières et leurs menaces, apportait toujours le baquet de féves noires, si mal-propre, qu'ils ne pouvaient y toucher. Un jour que Pichegru, pressé par la faim, attendait avec impatience cette grossière nourriture, le mousse arriva avec le baquet presque couvert de cheveux. Pichegru ne put se retenir et repoussa le mousse qui tomba dans le baquet, et s'étant brûlé jeta les

hauts cris, appela au secours. Pichegru
s'accusa, et ne voulut point que ses infortunés compagnons, qui voulaient partager son imprudence, fussent victimes
de ses torts. Le capitaine les fit cependant mettre aux fers tous les quatre, et
même pendant les deux premiers jours
avec les deux pieds. Ces malheureux
souffraient beaucoup, et étaient enchaî-
nés depuis six jours ; le capitaine ne paraissait pas disposé à les dégager, lorsque
le seul motif qui puisse agir sur des
hommes criminels, la crainte, l'y força.
L'équipage était mécontent d'un pareil
traitement, quelques matelots murmu-
raient tout haut ; la pitié avait enfin pénétré leurs cœurs. Ils avaient sous les
yeux des généraux chargés de fers. Pichegru sur-tout fixait leur attention, re-
doublait leur intérêt.

Enfin le 10 novembre à cinq heures
du soir, la corvette mouilla dans la
grande rade de Cayenne, à la vue et à
trois lieues de la ville. Dès ce moment
les déportés eurent la permission de se
promener sur le pont à toute heure ;
mais le capitaine renouvella à son équipage la défense de communiquer avec

eux. Le 11 novembre une goëlette vint les prendre et mouilla à une portée de canon du rivage, des chaloupes qui étaient venues au devant d'eux, les conduisirent et les débarquèrent avec beaucoup de difficultés sur une plage parsemée de rochers, où la mer très-houleuse brisait avec violence; un peuple nombreux était accouru et témoignait par ses regrets que la seule curiosité ne l'avait point attiré. Le commandant des troupes Desvieux, les reçut avec une garde nègre, et les escorta avec politesse jusqu'à l'hôpital; il permit aux principaux habitans, qui s'empressaient autour d'eux, de leur donner le bras; enfin, après tant de souffrances, ils retrouvèrent des hommes. Jeannet, agent du directoire, qui remplissait à Cayenne les anciennes fonctions de Gouverneur, en les recevant dans la galerie supérieure de l'hôpital, laissa échapper quelques larmes, « Vous avez bien souffert, mes-
« sieurs, leur dit-il, il n'est que trop
« facile d'en juger, je vous ai fait pré-
« parer ici un logement, quelque re-
« serré qu'il vous paraisse, c'est pourtant
« ce que j'avais de mieux à vous offrir

« pour ce moment, c'est aussi la situa-
« tion la plus salubre et qui convient
« le mieux à votre état; vous êtes entre
« les mains des respectables Sœurs de
« la Charité ; elles ne vous laisseront
« manquer de rien ; j'aurai moi-même
« soin que vous soyez pourvus de vivres
« et de rafraichissemens ; comptez que
« tant que je pourrai agir d'après ma
« volonté, vous aurez lieu d'être con-
« tens. » Il se retira sans donner aucun
ordre, aucune consigne qui put les gé-
ner, et sans même leur défendre d'aller
en ville.

Qu'on se représente, s'il est possible,
quelle joie durent ressentir des hommes
lorsqu'après quarante neuf jours de traversée pendant laquelle ils subirent les
plus affreux traitemens, ils entendirent
un pareil discours ; un avenir plus doux,
ils n'en pouvaient douter, allait enfin
s'ouvrir devant eux , et tout en regret-
tant leur patrie, ils ne purent s'empêcher
de s'estimer heureux d'être parvenus dans
cette colonie qui paraissait jouir d'une
tranquillité depuis long-tems bannie de
la métropole ; un changement si subit
dans leur situation, les soins compâtis-

sans de ces bonnes Sœurs, la saveur des alimens frais et des fruits, les rendaient à l'existence.

Ces songes consolans furent bientôt dissipés, tout changea de face, le commandant Jannet effaça dès le lendemain par une conduite toute opposée les effets et l'impression de son humanité momentanée, plus coupable et plus cruel de leur avoir donné de fausses espérances, que d'avoir renouvellé leur supplice. Le capitaine Laporte en mouillant dans la rade de Cayenne, avait reçu ordre de ne point descendre à terre, ainsi que les gens qui composait son équipage ; mais ce sélérat, ne voulant pas abandonner les victimes de sa férocité, furieux, et d'autant plus blessé des précautions outrageantes de l'Agent, qu'il était lui-même sûr et se sentait fier de la confiance du Directoire, ne se tint point pour battu. Il écrivit à Jeannet, insista pour le voir et lui remettre lui-même des lettres et des instructions particulières dont il était porteur.

Jeannet circonvenu d'ailleurs par des révolutionnaires tels que son secrétaire Mauduit, et le capitaine du port Malyin,

ne put reculer ; il permit au capitaine Laporte de venir à terre et l'invita à dîner.
Pendant que Jeannet lisait attentivement
ses dépêches, Laporte ajouta au texte
les plus perfides commentaires, et il
était soutenu par des conseillers plus
perfides encore. « Ces scélérats que j'ai
amenés, dit - il à l'agent, avaient déjà
allumés la guerre civile en France,
où ils massacraient impunément les ré-
publicains. Ils sont tous vendus aux
Princes ; ils voulaient tous proclamer
le Roi, ils espèrent encore renouer
la partie puisqu'ils se sont ménagé des
intelligences à Cayenne, ils ont, n'en
doutez pas, les moyens de faire une
révolution au faveur de Louis XVIII,
et le Directoire en est informé. » Jeannet
se défendait encore, et semblait capituler avec sa conscience, il parcourait
la liste des déportés, « Je ne vois, ré-
pondit-il, qu'un petit nombre de coupables ; plus je lis et je médite mes
dépêches, et moins je puis les com-
prendre : il interrompit même deux fois
les déclamations du capitaine Laporte,
pour lui parler de l'état affreux dans lequel étaient les déportés ; N'est-il pas

vrai, capitaine, que ces Messieurs ont bien souffert? Oui, répondit insolemment Laporte; oui, ils ont souffert, et si j'eusse exécuté mes ordres je n'en eusse pas conduit un seul ici; enfin il fit si bien que son affreux génie l'emporta et qu'il finit par persuader Jeannet.

Le dix-huit novembre, on défendit à ces infortunés de sortir de leurs chambres, et il furent gardés à vue. Aucun prétexte, aucun besoin ne purent les dispenser de cette importune vigilance. Il fut défendu aux habitans d'avoir aucune communication avec eux; mais cependant plusieurs bravèrent le danger de contrevenir à ces ordres rigoureux, et d'autres leur firent parvenir des rafraîchissemens. Une mulâtresse nommée Marie-Rose, femme d'environ quarante ans, fort riche, et respectée par toute la colonie, à cause de sa piété et de son humanité toujours active, se distingua par son généreux dévouement à leur envoyer, à leur apporter elle-même tout ce qu'elle savait leur être nécessaire, ou qu'elle croyait devoir leur être agréable. Elle était si souvent avec les bonnes Sœurs de la Charité, que la défense de communiquer avec eux ne pouvait l'atteindre. L'hôpital était l'habitation favorite de Marie-Rose, et ses visites y furent d'autant plus fréquentes que les déportés devenaient plus malheureux ; ce vif intérêt qu'elle prit à leur sort ne se réfroidit jamais. C'était à Pichegru qu'elle adressait toujours ses petits dons, et il ne manquait jamais de les partager avec ses compagnons d'infortune.

Les terroristes de Cayenne circonscrirent tellement Jeannet, qu'à la fin il céda à leurs menaces, et il signa bientôt l'ordre barbare d'une seconde déportation pour le canton de Synamary.

Le 22 novembre à huit heures du matin, les déportés furent embarqués sur la goëlette la Victoire ; des chaloupes vinrent les prendre au même endroit où ils avaient débarqués en quittant la Vaillante. On évita de leur faire traverser la ville ; mais tous les habitans accoururent en foule au rivage ; tous leur donnèrent des marques de la plus touchante sensibilité, les femmes et les enfans étaient en larmes. Ces infortunés dont le sort attendrissait tous les cœurs, étaient sans garde au milieu de ces bons habitans , et seulement accompagnés par le commandant Desvieux , qui , devant le peuple , feignait une excessive politesse , lorsque lui-même avait dit à la Supérieure des Sœurs de la charité « Vos « déportés sont perdus , s'ils ne crèvent « bientôt nous trouverons moyen de » les expédier. »

Quand la goëlette leva l'ancre , les regrets de se voir arraché à de si douces consolations , la vue de cette foule qui couvrait le rivage , les bras tendus vers eux ou levés vers le ciel , ces cris de désespoir , ces adieux achevèrent de briser les cœurs de tant d'infortunées victimes de la plus affreuse tirannie.

La rivière de Sinamary se trouve à trente lieues à l'orient de Cayenne; on avait levé l'ancre à midi , et l'on mouilla vers les huit heures du soir à l'embouchure de la rivière , après avoir doublé les îles au Diable. Au point du jour , 23 novembre , ils débarquèrent sous la redoute de la pointe. Le commandant du canton , capitaine au régiment d'Alsace , se trouva sur la place pour les recevoir. Voilà , dit le commandant de l'escorte , les condamnés à la déportation , et voici l'arrêté provisoire de l'agent général à leur égard. Les condamnés, dites-vous, reprit cet officier, ces messieurs n'ont pas été jugés, c'est une infamie que de les avoir envoyés ici. Ces seuls mots lui coûtèrent son état ; il fut cassé peu de tems après et chassé de la colonie.

Les déportés arrivèrent à travers un sol brûlant, en suivant un sentier étroit au bord de la rivière jusqu'à une lieue dans les terres, devant le fort de Sinamary, qu'on ne découvre en sortant des bois qu'à une portée de fusil. En entrant dans cette forteresse, ils virent bien qu'il ne leur restait plus aucun espoir de jouir, même au milieu de ces déserts, d'une ombre de liberté ; le forfait était consommé. Dans ce fort, à côté de la chapelle, est un hangard ou cabaret, sous lequel sont bâties huit mauvaises cases qui servaient autrefois de prison pour les nègres marons, et les criminels.

Le commandant les conduisit vers le hangard, et leur montrant les cases : voilà, leur dit-il, le logement qui vous est destiné. Billaud-Varennes, déporté avant eux, occupait l'une de ces cases, les sept autres furent réparties entre les seize déportés, et suivant leur inégal proportion, en reçurent tel ou tel nombre. Le commandant s'adressant à M. de Murinais, comme au plus âgé, et désignant une des cases qui ne devait contenir qu'un seul prisonnier, lui dit : celle-ci pourrait vous convenir ; mettez-moi à la plus proche du cimetière, répondit le vieux général, c'est celle qui me convient. Après avoir forcé ce brave doyen à prendre cette première case pour lui seul, les autres furent partagées entre les quinze déportés, et le sort régla les logemens de la manière suivante :

2.e case. Aubry seul ;
3.e —— Pichegru et Marbois ;
4.e —— Willot, Larue et Dossonville ;
5.e —— Bourdon et Rovère ;
6.e —— Lafond, Tronçon-Ducoudray et Barthelemy ;
7.e —— Brottier, la Villeheurnois, Letellier et Ramel.

Le commandant leur fit donner un hamac à chacun, mais il n'y avait dans les cases ni lits, ni tables, ni chaises, aucun meuble, aucun usteusile. Ils n'a-

vaient pour toute nourriture qu'une ration de biscuit, une livre de viande salée
et un verre de rhum pour corriger l'eau
qui était très-mauvaise. On leur donna
quelquefois du pain qu'ils ne pouvaient
manger, parce qu'il était rempli de vers
et de fourmis, et on leur fit enfin distri-
buer quelques rations de vin qui s'était
aigri dans les magasins. Ne pouvant
manger tous ensemble, ils s'étaient par-
tagé en quatre chambres pour les repas,
suivant les convenances d'âge, de carac-
tères et d'opinion. Un seul nègre faisait
la soupe pour les quatre ordinaires,
chacun y veillait et avait soin d'aller la
retirer; ce redoutable cuisinier avait été
envoyé exprès de Cayenne, où on l'avait
fait sortir de la maison de correction.
Vingt fois il les menaça de les empoi-
sonner. Ils étaient donc prisonniers dans
le fort et assujétis à deux appels par jour;
l'un se faisait à neuf heures du matin,
et l'autre à quatre heures après-midi.

La première occupation des déportés
fut de nettoyer leurs cases. Elles étaient
remplies d'insectes venimeux qui les
rendaient inhabitables, et pourtant ils
n'avaient pas d'autre abri. Aucun autre
européen n'avait peut-être, avant eux,

subi le supplice d'être jeté dans ces climats, dans un tel repaire, d'être livré comme une pâture aux scorpions, aux mille pattes, aux masquites, aux maringoins et plusieurs autres espèces aussi nombreuses que dangereuses et dégoûtantes. Ils n'étaient pas même à l'abri des serpens, qui se glissaient souvent dans le fort, Pichegru en trouva un monstrueux et plus gros que le bras dans les plis de son manteau, qui lui servait d'oreiller dans son hamac.

L'insecte qui les tourmentait le plus était la chique ou niguas, espéce de punaise qui se loge dans les pores, et qui si elle n'est soigneusement arrachée, s'y multiplie et ronge si rapidement qu'il faut recourir à l'amputation. Ces déportés étaient couverts de boutons et de pustules, privés de sommeil, fatigués, plongés dans la plus profonde tristesse. Tel fut le funeste sort que leur fit endurer l'agent du Directoire Jannet, qui aurait pu adoucir leur affreuse situation. Tel fut enfin leur établissement à Sinamary; ils n'apercevaient du haut des remparts de cette horrible prison qu'une forêt profonde, et qui semblait impénétrable. Les hurlemens lugubres des tigres, qui s'approchaient jusqu'à la portée du fusil, les cris perçans des singes, le chant discordant des perroquets, le croassement des énormes crapaux dont les fossés et les bords fangeux de la rivière étaient remplis, rendaient cette solitude épouvantable.

Le cinquième jour après leur arrivée à Sinamary, le commandant qui leur avait témoigné de l'intérêt, comme on l'a vu plus haut, fut remplacé par le lieutenant Aimé, laquais à Nancy au commencement de la révolution. Jannet ne pouvait choisir un plus barbare geolier. Il imagina chaque jour de nouveaux tourmens envers ceux que le malheur aurait dû lui faire regarder avec humanité : il défendit aux soldats de leur parler sous peine de mort ; il ordonna au tambour de venir chaque matin battre la diane devant les cases ; c'était un vrai supplice pour les malades. Il semblait qu'il voyait avec chagrin que le sommeil suspendait quelquefois leur maux, le tambour, ou plutôt le vautour qu'Aimé avait choisi, ajoutait l'insulte, poussait des cris, des éclats de rire quand les infortunés demandaient grace pour leurs amis agonisans. Pichegru, toujours ferme, montrait cette confiance, cette espèce de pressentiment d'un meilleur avenir qui se communique aux autres, et s'efforçait de le faire partager à ses infortunés compagnons. Sa principale occupation fut d'apprendre l'anglais pour dissiper ses ennuis ; il chantait et invitait les autres déportés à imiter son exemple.

Déjà Murinais et Bourdon avaient succombés à tant de maux, Tronçon-Ducoudray ne tarda pas de les suivre ainsi que Lafond. Frappés de la perte qu'ils venaient de faire, la douleur concentrée de ces malheureux ne s'exhalait que par des gémissemens sourds, plus pénibles mille fois que les larmes les plus amères ; tant de violences exercées contre eux, et la rage effrénée du commandant Aimé qui, lorsqu'on signalait des vaisseaux, s'écriait en prenant les armes. Ah ! vous comptez sur les Anglais, mais vous avez beau faire ils ne vous prendrons pas vivans. Plus que tout cela, l'approche de la saison mortelle des pluies et des ouragans faisait soupirer ardemment ces infortunés après le jour où ils pourraient affronter librement d'autres perils pour s'arracher de ce tombeau. Ils formèrent donc le projet de tout hasarder pour se soustraire par la fuite à tant de maux, et huit d'entre eux résolurent de tout braver pour réussir. Ils se décidèrent à se confier à la mer, et de gagner Surinam ; car ils avaient appris que les habitans de cette colonie hollandaise prenaient un vif intérêt à leur situation ; ils avaient même adressé à Pichegru une petite provision de bierre et de vivre frais qui ne leur était pas parvenue, et qui furent la proie d'un caboteur français à qui les généraux hollandais de Surinam l'avaient confiée. Mais comment fuir, ils n'avaient aucune connaissance de cette côte immense et inhabitée, aucun moyen d'y naviguer. Les goélettes, les seuls bâtimens qui fréquentaient la rivière de Sinamary, mouillaient à la pointe à une lieue du port, et ils ne pouvaient espérer de se soustraire à la vigilance du commandant, ni d'atteindre, ni d'enlever au mouillage un de ces bâtimens, point de secours de personnes, point d'armes, quelle anxiété ! Ils se promenaient souvent sur le rempart, le long de la rivière, et fixaient en soupirant, la côte de l'ouest.

Leur imagination s'épuisaient ; leurs regards se fatiguaient sur cette vue monotone, et ils n'apercevaient ni sur les eaux ni dans les bois rien qui put leur inspirer une idée secourable. Il y avait au pied du bastion , en dehors du fort et au bord de la rivière , une petite pirogue qui servait à transporter à la redoute de la pointe la garde montante et à ramener l'ancienne. Cette petite pirogue avait ses agrêts et était consignée au sentinelle qui était posé sur l'angle flanqué du bastion , dans l'intérieur duquel se trouvait le corps-de-garde.

Les déportés avaient souvent regardé cette pirogue avec des yeux d'envie. Ce ne fut que peu à peu , et poussés par le désespoir , qu'ils s'accoutumèrent à l'idée de se hasarder en pleine mer sur un si frêle esquif. Aucun d'eux ne savait conduire un bateau , et surtout une pirogue , dont la manœuvre est difficile et périlleuse au milieu des flots. Ils n'avaient point de boussole ; il fallait donc se confier à un indien ou à quelque m

Pichegru ayant essayé de séduire un indien qui venait vendre des légumes dans le fort ; celui-ci répandit les soupçons que cette demi-ouverture lui avait donnés , et cette tentative échoua. Enfin, ils risquèrent de s'adresser à une personne qui se trouvait alors dans le fort ; elle fut sensible à leur confiance et la justifia. Elle connaissait fort bien la côte, et les confirma dans l'opinion qu'ils ne pouvaient aller qu'à Surinam, mais en donnant les renseignemens que l'on désirait, elle leur observa qu'il n'était pas possible que cette pirogue, si petite et si fragile, put les conduire jusques-là. Qu'il y avait au moins cent lieues de navigation de la rivière de Synamary aux portes du fort Orange et de Montekrick. Qu'il n'y avait aucune sûreté à prendre terre avant ce point-là ; et que lorsque l'on y serait parvenu, il y avait dans cette colonie hollandaise une vigilance si sévère, que tous les étrangers qui n'avaient point de passeports n'y étaient point admis et en étaient même repoussés. D'un côté, combien de nouveaux motifs d'espérance ; de l'autre, combien de nouvelles difficultés n'offrait-on pas aux infortunés. Enfin, le ciel favorisa leur périlleuse entreprise. Ils avaient à Cayenne une personne qui n'avait jamais cessé de leur donner des preuves d'une amitié constante et d'un dévouement rare. Ils l'instruisirent de leur plan, bravant tout danger, cette personne leur fit passer, au bout de huit jours, par une main sûre, huit passeports tous signés de la main de Jaunet, et en tout

conformes à ceux qu'il avait coutume de
délivrer aux habitans de la colonie , qui
allaient , pour affaires , dans les colonies voisines. Ils étaient sous les noms
supposés suivans.
Celui de

   Pichegru sous le nom de Picard.
   Barthelemy. . . . . . Gallois.
   Dossonville. . . . . . Daunou.
   Aubry. . . . . Desailleux.
   Larue. . . . . Delvezai.
   Tellier . . . . Tollibois.
   Willot. . . . . Toulouse.
   Ramel. . . . . Frédérik.

Ce point si difficile obtenu, il en
restait un autre plus difficile encore ; il
leur manquait un pilote. Mais où trouver dans ce désert l'homme capable d'un
tel dévouement, l'ange qui devait les
sortir de cet enfer. Mais la providence,
qui voulait couronner tant d'efforts ,
vint ainsi à leur secours.

L'ordre donné par le Directoire, de
courir sur les vaisseaux neutres, fit sortir du port de Cayenne, vers le 20 mai,
une foule de petits corsaires dont Jannet excita la cupidité. L'un de ces corsaires, commandé par le capitaine Poisvert, captura, à la hauteur de Synamary, un bâtiment américain commandé

par le capitaine Tilly, qui, lui-même, était propriétaire de la cargaison. Elle consistait en farine et en divers comestibles, que le capitaine Tilly apportait précisément à Cayenne. Il avait aussi dans sa cargaison une provision précieuse de quarante mille bouteilles de vin de Bordeaux, de vin du Rhin et de différentes villes d'Espagne. La crainte d'être pris à son tour par quelques frégates ou corsaire anglais, en louvoyant contre les courans, pour remonter jusqu'à Cayenne, détermina le capitaine Poisvert à venir mouiller, avec sa prise, dans la rade de Synamary. Peut-être aussi craignait-il pour sa capture la rapacité de Jannet ; Poisvert amena lui-même au fort de Synamary l'équipage de la prise, et le capitaine Tilly, qu'il traita avec beaucoup d'égards : ce fut un grand événement pour le commandant Aimé, qui attendait quelques profits, et le plaisir de s'enivrer avec du bon vin de Bordeaux.

Les nègres, et une partie de la garnison, furent aussi très-contens d'être employés au débarquement de la cargaison américaine. Cet événement fut pour les déportés une diversion favorable. Mais quel fut leur étonnement, lorsque le capitaine Tilly vint vers eux, sans témoins, et leur dit, fondant en larmes : « Hélas ! c'est vous, infortunés ; c'est vous que je cherchais ; je vous savais ici ; j'ai des nouvelles de vos familles et de vos amis ; des paquets que j'ai cachés dans des barils de farine, auxquels je ne peux plus toucher. Je ne m'attendais pas à être attaqué par un corsaire français ; je me suis laissé affaler sous le vent de Cayenne pour avoir un prétexte de mouiller dans la rade de Synamary ou dans celle de Couron, d'où j'espérais lier avec vous des intelligences, et parvenir à vous enlever. Je devais être votre libérateur ; je suis prisonnier avec vous ; que puis-je faire encore pour vous servir ? »

Qu'on juge de l'impression que durent faire sur les déportés, dans de telles circonstances, les premières paroles du capitaine Tilly. Sa seule présence était pour eux un bienfait du ciel ; c'était, depuis leur emprisonnement à Synamary, la seule personne qui eut pu communiquer librement avec eux, et leur donner des nouvelles sûres de leur malheureuse patrie. Qu'on juge, s'il se peut, de leur douleur, en voyant ce brave capitaine victime lui-même de son noble dévouement. Sa loyauté, ses manières franches et ouvertes, l'intérêt qu'il leur témoignait, engagèrent les déportés à lui communiquer leur projet d'évasion. Ils le conduisirent sur le rempart en feignant de se promener, et lui montrèrent la pirogue. Ce brave homme frémit. Non, non Messieurs, leur dit-il ne vous hasardés pas jusques-là, vous périrez certainement. Cette pirogue ne peut ni vous contenir tous, ni vous conduire jusqu'à Surinam. Croyez-en mon expérience ; cela ne se peut pas. Ils lui répondirent à leur tour qu'ils étaient résolus à périr plutôt que de rester entre les mains de leurs bourreaux ; qu'au reste, ils ne faisaient qu'aller librement au-devant d'une mort inévitable. Que s'ils la rencontraient prompte et violente dans le naufrage, le souvenir de la longue agonie de leurs amis en adoucirait les horreurs. Eh ! bien, reprit-il, je ne crois pas que vous puissiez échapper à tant de dangers ; mais ne me refusez pas de les partager ; je veux gouverner moi-même la pirogue. J'emmènerai mon pilote, mon intrépide Barick, et peut-être que le ciel nous protégera, que les vents nous serviront. Dès ce moment le capitaine Tilly se montra aussi ardent qu'eux-mêmes à protéger leur fuite. Il mit dans la confidence le brave Barick, qui ne balança pas à se dévouer pour leur salut; tout étant prêt, il ne restait qu'à choisir le moment favorable pour tromper la vigilence du commandant Aimé.

Attaquer le poste, ou du moins la sentinelle qui veillait sur la pirogue, sortir du fort pour l'enlever; enfin gagner la haute mer; avant que l'alerte fût donnée à la garnison; ils touchaient presque au jour marqué, lorsque le capitaine Tilly leur annonça que Jeannet avait donné l'ordre de le transférer à Cayenne avec tout son équipage, et qu'il devait être embarqué dès le lendemain; ce fut pour eux un coup de foudre qui anéantissait leur plus chère espérance.

Le capitaine Tilly voulait absolument se cacher dans le bois et se sacrifier pour faire réussir leur fuite; mais ils lui observèrent et obtinrent avec beaucoup de peine qu'il cédât au brave Barick l'honneur de cette belle action; car il était naturel que la disparution de Barick, au moment où l'on ferait l'appel de l'équipage de la prise, éveillerait moins les soupçons que celle du capitaine, dont les visites aux déportés n'avaient été déjà que trop remarquées.

Tilly ne se rendit encore qu'avec peine à ces considérations ; ils les quitta en fondant en larmes, et en les assurant qu'il ne songeait qu'à eux, et que s'il les savait une fois arrivés à Surinam, il lui importait peu ce qu'on ferait de lui. Je laisse à penser quels tristes et cruels adieux pour tous. Barick disparut donc et se cacha dans les bois ; il fut convenu que le 3 de juin, au coup de neuf heures du soir, il se trouverait au bord de la rivière, sous le bastion, et sauterait dans la pirogue au moment où il verrait paraître les déportés. Ce brave homme manqua être victime de son zèle ; il ne put se défendre des serpens et du terrible cayman, qu'en demeurant pendant trente-six heures perché sur un arbre où il n'était point à l'abri de la férocité des tigres.

Le capitaine Poisvert avait invité le commandant du fort à venir dîner le 3 juin à bord de la prise américaine ; il voulait témoigner sa reconnaissance du bon accueil qu'il avait reçu. Pendant qu'il donnait un beau repas, et présentait les vins les plus précieux au commandant, il faisait donner à la garnison du gros vin de Bordeaux. Une jeune fille, qui était arrivée de Cayenne depuis quelques jours, en faisait les honneurs et distribuait les bouteilles de vin avec profusion aux soldats, dans leurs casernes, dans le corps-de-garde, aux nègres dans leurs cases, aux sentinelles à leurs postes, aux déportés dans leur hángard. Ah! que cette journée parut longue à ces derniers. Avec quel intérêt ils suivaient des yeux cette jeune fille si joyeuse, de verser des rasades aux soldats déjà énivrés; son activité, sa sollicitude, semblaient inspirés par le ciel pour favoriser l'évasion préméditée. Tous burent largement, et les déportés eurent l'air de prendre part à cette orgie, en feignant de se quereller entre eux pendant le dîner.

Afin d'éloigner d'autant plus les moindres indices de complot, Aubry et Larue injurièrent Barthelemy; Letellier s'en mêla; Dossonville et Pichegru se menacèrent; Willot et Ramel paraissaient vouloir pacifier; les verres et les assiettes volaient, et le vacarme fut à un tel point qu'on vint pour les séparer. Enfin, qui se serait douté que ces hommes qui paraissaient si désunis devaient fuir ensemble.

Lorsque la nuit s'approcha, on vit rentrer chez lui le commandant tout-à-fait ivre , et que l'on portait comme s'il eût été mort. Le silence avait succédé aux chants bachiques, aux cris des buveurs, et les soldats., les nègres étaient couchés çà et là ; le service oublié , le corps-de-garde abandonné , les déportés rentrés dans leurs cases , attendirent avec la plus vive impatience, cette dernière heure de leur séjour à Synamary. Enfin , elle sonna ;. ils sortirent et se rassemblèrent vers la porte du fort, dont le pont n'était point encore levé. Tout dormait d'un sommeil profond. Pichegru, Ramel et Aubry montent sur le bastion du corps-de-garde ; Ramel va droit au sentinelle (c'était ce malheureux tambour qui les avait tant tourmenté.); il lui demande l'heure qu'il est; il fixe les étoiles. Ramel lui saute à la gorge ; Pichegru le désarme; on l'entraîne pour l'empêcher de crier ; il se débat fortement , échappe , et comme l'on était sur le parapet, il tombe dans la rivière. Juste punition d'un pareil scélérat.

Aussitôt Pichegru et les deux autres

rejoignent leurs camarades au pied du rempart , et n'apercevant personne dans le corps-de-garde , y prennent des armes et des cartouches , sortent du fort, volent à la pirogue , et trouvent Barrick qui les attendait. Le cable est coupé, Barrick tient le gouvernail. Immobiles, silencieux , ils n'entendent que le murmure des eaux et la brise de terre qui enfle la petite voile et cesse bientôt de voir l'affreux tombeau de Synamary. En gagnant le large, ils courraient risque de s'égarer , et en suivant la côte de trop près , ils pouvaient se briser sur les écueils dont elle est parsemée jusqu'à Iracorbo. La lune parut tout-à-coup comme pour éclairer leur marche. Ce moment fut délicieux ; ils se félicitaient, remerciaient la providence, et leur généreux pilote Barrick , qui était dans un état affreux, enflé et meurtri par les piqûres des moustics. Ils voguaient depuis deux heures lorsqu'ils entendirent trois coups de canon, deux du fort de Synamary , et un de la redoute de la pointe , et ne purent douter que leur fuite ne fut connue ; mais ils étaient hors de toute atteinte, et n'avaient à vaincre que les dangers de la mort. La pirogue était si petite et si rase , que les

moindres vagues la remplissaient , et
qu'ils étaient obligés de travailler sans
cesse à la vuider avec une callebasse.
Elle était si légère , que le moindre mouvement pouvait la faire chavirer, et ils
manquèrent plusieurs fois périr. Sans
boussole ni instrument pour prendre
hauteur, ils pouvaient s'égarer dans la
nuit, et le moindre coup de vent les
éloigner de la côte. Lorsqu'ils étaient
forcés de se tenir au large à cause des
rochers ou courans qui se trouvent aux
embouchures des rivières.

Il leur avait été impossible de se
charger d'aucune provision , et n'avait ni
eau ni biscuit. Letellier seulement avait
apporté deux bouteilles de rhum. Un
calme plat les surprit le 6 , et une faim
cruelle les tourmentait, ils n'avaient rien
mangé depuis trois jours ; ils étaient des-
séchés par le soleil dont l'ardeur n'était
plus tempéré par la brise. N'étant plus
distraits par le mouvement, ni soutenus
par l'espoir prochain d'atteindre le terme
de leur fatiguante et périlleuse navigation ; inquiétés par des requins monstrueux, qui entouraient et assaillaient
leur pirogue, ils virent alors toute l'horreur de leur cruelle situation. Le 8 , à

trois heures du matin, le calme ayant cessé, ils se remirent à naviguer et aperçurent le fort Orange; ils le doublèrent dans l'intention de ne mettre à terre qu'au poste de Montekrick comme on leur avait recommandé. Ils se trouvaient vis-à-vis le fort, à une bonne portée de canon, lorsqu'ils furent salués de plusieurs coups à boulets qui se succédaient si vivement, qu'ils auraient été infailliblement atteints et coulés bas s'ils n'avaient gagné le large. Vers quatre heures après-midi le tems s'obscurcit, le vent augmenta et les poussa vers la côte, le brave pilote espérait gagner Montekrick avant l'orage; mais ils ne purent tenir plus long-tems et dirigèrent la pirogue vers le rivage. Au moment où ils l'atteignaient, une forte vague se brise et les fait chavirer. La marée était basse, ils s'enfoncent dans la vase, et malgré les efforts qu'il fallut faire pour se dégager, malgré l'orage affreux qui fondait sur eux, ils n'abandonnèrent point la pirogue et parvinrent à la retourner. Enfin ils prennent terre, ignorant où ils étaient, ni s'il leur seraient possible d'aller le long de la côte jusqu'au fort Orange. Comment peindre une pareille situation. Exténués de fatigue et de faim, trempés jusqu'aux os, couverts de fange, n'ayant pour abri qu'un bois couvert d'insectes et de reptiles, ayant perdu dans le naufrage leurs armes et leurs munitions, et comme la nuit s'approchait, entendre les hurlemens des tigres dans les intervalles du mugissement des vagues. Quelle horrible nuit! les vents déchaînés, une pluie de déluge, un froid pénétrant. Enfin, il recueillirent le reste de leurs forces, et travaillèrent toute la nuit à retenir leur pirogue que les vagues entraînaient, et qui malgré leurs efforts fut très-endommagée. Il fallait que le desir d'échapper aux tourmens qu'ils avaient endurés dans leur déportation, doubla leur forces pour une telle manœuvre. Après avoir souffert la faim et enduré tant de fatigues pendant cinq jours et six nuits, restés nuds dans la mer, luttant contre les flots qui semblaient vouloir leur arracher leur dernière espérance. De combien de courage et de patience n'avaient-ils pas besoin : au point du jour ils se regardaient avec une mutuelle pitié, étaient prêts à succomber, mais se consolaient encore en disant : du moins nous ne mourrons pas entre les mains de nos féroces oppresseurs. Pichegru avait sauvé du naufrage sa pipe et son briquet, ils parvinrent à faire du feu et à sécher leurs vêtemens ; il restait encore une demi-bouteille de rhum que Letellier avait ménagé ; mais ils avaient tous le cœur si serré qu'ils n'avaient pas la force d'avaler, et se rafraîchissaient seulement la bouche et les lèvres. Pendant la journée du 9 ils arrangèrent un abri avec des branches d'arbres, et le soir le tems étant redevenu obscur, ils eurent encore à travailler une partie de la nuit pendant la marée pour conserver leur pirogue, n'ayant aucun autre moyen pour la fixer, et firent du feu pour éloigner les tigres qui s'approchaient beaucoup. Le 10 ils étaient blottis sous des arbres où ils avaient fait une espèce de cabane, lorsque Ramel, qui était sorti dès le matin pour examiner le tems et la pirogue, aperçut sur le rivage, environs à deux cents pas, deux hommes armés qui venaient de leur côté. Il accourt vers ses malheureux compagnons d'infortune et leur crie, voilà des hommes. Tous se lèvent à-la-fois, Barrick s'élance, part comme un trait, et les autres se cachent pour ne pas effrayer par le nombre, ces deux hommes que l'on venait d'apercevoir. En voyant accourir le pauvre Barrick, qui n'avait plus figure humaine, les deux soldats s'arrêtèrent et le couchèrent en joue ; il tombe à genoux , lève ses mains suppliantes, pousse des cris , fait des signes, montre la pirogue ; les soldats l'écoutent, s'approchent de lui , et les autres déportés les entourent. C'étaient deux soldats allemands de la garnison de Montekirck. Pichegru leur parla , et ils apprirent aux infortunés naufragés qu'ils n'étaient qu'à trois lieues du fort de Montekirck. Ces soldats avaient été envoyés en ordonnance au fort Orange ; comme ils ne pouvaient manquer de rendre compte du nombre et de l'état des naufragés , ceux-ci se décidèrent à députer deux d'entre eux vers le commandant du fort pour lui demander des secours , en lui montrant leurs passeports , mais surtout en lui cachant ce qu'ils étaient. Barthélemy, et Larue furent choisis ; on leur fit boire le reste du rhum, et ils partirent. Arrivés au fort Orange ; ils exposèrent au commandant les motifs de leur voyage comme marchands, et tous les détails du naufrage dans lequel ils avaient perdu leurs provisions et leurs effets , et ajoutèrent que le mauvais état de leur pirogue presque brisée , ne leur avait pas permis de se remettre en mer après la tempête. Le commandant les accueillit avec beaucoup d'humanité, et pendant qu'il leur fit donner à manger, il envoya des ouvriers et des nègres pour réparer la pirogue, aider à la remettre à flots, et tâcher de retrouver les prétendues marchandises ; l'inquiétude et la crainte saisirent les malheureux restés sur le rivage, lorsqu'ils virent venir de loin une vingtaine de personnes qui se dirigeaient vers eux. Mais lorsqu'ils eurent entendu deux de ces ouvriers, qui parlaient français, et qui leur expliquèrent les ordres qu'ils avaient reçus, l'espérance et la joie rentrèrent dans leurs cœurs. Les ouvriers conduits vers la pirogue, la tirèrent à terre et se mirent à la réparer avec le plus grand zèle et la plus grande activité.

A six heures du soir, Barthelemy et Larue arrivèrent ; ils étaient si joyeux et si troublés qu'ils n'avaient pas songés à apporter une bouteille d'eau fraîche, dont cependant leur compagnons avaient le plus grand besoin. Et malgré leur faiblesse, ces deux envoyés, soutenus par l'espoir, avaient retrouvé assez de force pour faire une course de huit lieues sur des sables brûlans. La pirogue réparée, il fallut attendre la marée pour se remettre en mer : une inquiétude bien plus grande vint les saisir. Barrick, dont la force physique égalait le courage et la vertu, avait souffert un cruel supplice pendant les deux jours qu'il avait passés dans les bois de Synamary , pour attendre le moment de l'évasion des déportés. Son état empirait, cette nuit qu'il fallait passer encore au milieu des insectes pouvait être la dernière pour Barrick. Il n'y avait pas un instant à perdre pour sauver ce brave homme , à qui ils devaient tout. Quel affreux avenir que celui de la perte de leur sauveur ! Enfin, le 11 juin , au point du jour, Barthelemy, Larue, Aubry et Dossonville s'acheminèrent à pied le long de la plage , vers le fort de Montekrick pour y demander asyle pour les pauvres marchands naufragés , et leur faire préparer à manger.

Quelques heures après , à la haute-marée , Pichegru, Willot, Letellier et Ramel remontèrent dans la pirogue, que les ouvriers repoussèrent vigoureusement au large, en leur disant adieu. Barrick mourant reprit le gouvernail , et un peu avant midi , la pirogue entra heureusement dans la petite rivière de Montekrick, et ils débarquèrent. Barrick triomphant reçut par ce succès le prix le plus doux de son généreux dévouement. Le commandant du poste de Montckrick avait déjà très-bien accueilli les quatre déportés qui avaient pris le devant ; il leur fit donner une case vaste, propre et commode , sur le bord du krick.

Quel moment que celui de leur réunion dans cette case ; on leur avait fait préparer deux poules , du riz et du pain, qui, cette fois, fut arrosé des larmes de la joie et de la reconnaissance. Ils vivaient ; ils avaient échappés à leurs bourreaux , aux dangers de la mer, à la famine ; ils étaient libres. Après avoir pris un peu de nourriture avec beaucoup de précaution , ils se rendirent auprès du capitaine qui commandait au fort. Ce capitaine cependant ne trouvait aucune vraisemblance dans le rapport qu'ils lui firent comme marchands. Leurs dénuement , leurs haillons démentaient cette fable et leur langage démentaient leur misère. Il ne pouvait revenir de sa surprise en considérant la pirogue , et l'audace avec laquelle ces infortunés s'étaient hasardés en pleine mer. Comme il parlait français , ils firent de leur mieux pour le persuader ; mais ce brave commandant, sans s'inquiéter d'avantage de la vérité de leur histoire, les traita avec humanité, par cela seul qu'ils étaient malheureux; il leur demanda s'ils avaient touché à Synamary. Sur leur réponse négative, il ajouta : Eh ! que font les malheureux Pichegru et Barthelemy, et leurs compagnons d'infortune ; ils lui répondirent qu'ils avaient été bien malheureux ; mais que dans ce moment ils espéraient que leur sort allait changer. Après avoir prévu à leurs besoins, le commandant du poste les prévint qu'il allait rendre compte de leur arrivée au gouverneur de la colonie.

Les déportés profitèrent de cette ouverture pour écrire au gouverneur, et lui exposer en peu de mots les atrocités commises envers eux, tant en France qu'à Synamary, leur évasion, leur naufrage, et terminèrent par réclamer, au nom de l'humanité et de l'honneur, protection et sûreté. Il y avait vingt-quatre lieues de Montekrick à Paramaribo, capitale de la colonie de Surinam, où le gouverneur faisait sa résidence. En attendant sa réponse, les déportés passèrent la journée du 12 à se reposer et à soigner ceux d'entre eux que les premiers

raffraîchissemens rappelaient plus diffi-
cilement à la vie. Dossonville et le pauvre Barrick avaient une fièvre ardente,
suite des fatigues qu'ils avaient éprouvées. Ils étaient tous les deux brûlés par
le soleil et la réverbération de la mer.
Enflés et déchirés par les piquûres des
insectes. Leurs vêtemens n'étaient pas
en meilleur état que leurs corps. Quelques-uns n'avaient pas de souliers. Le
18 au matin, un Colon, dont l'habitation n'était pas éloignée de Montekrick,
vint les prier de venir chez lui, et leur
fit les offres les plus obligeantes sans savoir qui ils étaient. Ils se disposaient à
s'y rendre lorsque Willot aperçut un
cavalier qui les appela ; Pichegru recon-
nut les marques distinctives du service
de Hollande, et les assura que c'était un
officier supérieur. Celui-ci, à la vue de
leur case, désignée sans doute dans
le rapport du commandant, pique des
deux, met pied à terre, monte dans la
chambre où ils étaient rassemblés, et
demande avec une extrême agitation,
M. Gallois, M. Picard, êtes-vous ici ?
Barthelemy et Pichegru se présentent
vêtus d'une mauvaise veste de toile grise.
Le général hollandais fait un mouvement de surprise et d'indignation, puis

il les embrassa plusieurs fois, et les pres-
sent tous tour-à-tour dans ses bras, il ne
peut pendant quelques instans proférer
une seule parole.

Messieurs, leur dit-il enfin, vous
avez bien jugé notre gouverneur ; il vous
attend avec impatience, et tous les habitans de Surinam sont également touchés
de vos malheurs. En quittant Montekrick, ils trouvèrent sur le canal deux
gondoles qui les attendaient. Dans la
première, on avait préparé des raffraîchissemens ; dans la seconde des habits,
du linge et des souliers. Le 14, ils ren-
contrèrent une belle gondole ; c'était le
gouverneur lui-même qui venait à leur
rencontre. Soyez les bien venus, leur
dit-il ; oubliez s'il se peut vos malheurs ;
je ferai tout ce qui sera en mon pouvoir
pour en effacer la trace. Nous sommes
tous heureux de vous recevoir ; disposez
de la colonie toute entière, disposez sur-
tout de moi.

Lorsqu'ils arrivèrent à Paramaribo,
toute la ville était illuminée ; la garnison
et les milices coloniales étaient sous les
armes. Ils débarquèrent au bruit de l'artillerie de la place et de la flotte ; les
applaudissemens, les cris d'allégresse

retentissaient autour d'eux ; le peuple se pressait sur leur passage , voulait les voir et les porter dans ses bras. Au milieu de cette nombreuse escorte, de ce spectacle ravissant d'un peuple généreux , ils arrivèrent au palais du gouverneur , qui retint chez lui Barthelemy et son fidèle Letellier. Les principaux habitans se disputèrent le plaisir de loger les autres. Les jours s'écoulaient rapidement , lorsque le 18 juin un caboteur de Cayenne arriva à Paramaribo , chargé des dépêches de Jeannet pour le gouverneur. Il l'instruisit de leur évasion et terminait ainsi sa lettre. « Si ces Messieurs n'ont pas été pris par les corsaires anglais , s'ils n'ont pas péri, ce que je crains, il n'est pas douteux qu'ils doivent être réfugiés dans votre colonie. Dans ce dernier cas , je dois à ma place de les réclamer au nom du Directoire, comme prisonniers d'état. Si vous parvenez à les découvrir , je vous prie, et même je vous requiers de les faire arrêter. Mais je vous supplie de n'user envers eux d'aucune violence , et de leur accorder tous les égards dus au malheur. »

Le gouverneur répondit qu'il n'avait point eu connaissance de l'évasion de MM. Barthelemy et Pichegru , etc,; mais qu'il était arrivé depuis quelques jours à Patamaribo huit marchands et un matelot, qu'il lui envoyait leur signalement et les passeports qu'ils avaient produits ; qu'au reste, il pouvait être assuré de ses ménagemens pour les déportés s'ils arrivaient chez lui. Ils étaient loin de concevoir aucune crainte des réclamations officielles de Jeannet ; mais comme si on eut-voulu les rassurer par de nouvelles preuves de bienveillance, il n'y eut sorte de bons traitemens et même d'amusemens qui ne leur furent prodigués. Cependant ils desiraient vivement aller à la campagne pour rétablir et leurs forces et la santé de leurs malades ; là, on leur prodigua tous les soins qui leur furent nécessaires. En retournant à la ville le 27, ils furent bien surpris d'y trouver un second envoyé de Cayenne, qui apportait au gouverneur la réponse de Jeannet à la sienne. Dans cette seconde lettre il avouait que les passeports des prétendus marchands étaient en effet signés de lui ; mais il affirmait que les négocians, Gallois, Picard et autres, n'avaient jamais existé dans la colonie de la Guyanne ; qu'il n'ignorait point que Barthélemy, Pichegru et six autres dé-

*

portés étaient à Paramaribo ; qu'il le sommait de les faire arrêter, et qu'il en rendrait compte à son gouverneur. D'après cette lettre, les déportés offrirent au gouverneur de disparaître sur-le-champ, et de se tenir cachés jusqu'au moment de leur départ ; mais cet homme loyal aurait considéré cette précaution comme un acte de faiblesse. Cependant, ne voulant pas devenir un sujet de querelle et peut-être de représailles révolutionnaires de la part de Jeannet, ils prirent la résolution de partir de Surinam ; dans la journée du 29 ils achevèrent leurs apprêts. Ce fut au nom de la colonie que l'on fit fréter pour eux un petit bâtiment très - commode ; on le pourvut abondamment de vivres et de rafraichissemens ; à huit heures du soir, Pichegru, Willot, Larue, Aubry, Dossonville et Ramel se jetèrent dans le canot pour aller gagner le bâtiment. Barthelemy étant malade, resta, ainsi que Letellier, dans la colonie. On leva l'ancre, et les adieux furent des plus touchans. Le 2 juillet, poursuivis par un corsaire, ils furent obligés de relâcher à Berbiche, colonie hollandaise, occupée par les Anglais. Présentés au gouverneur, ils lui demandèrent asile et protection ; celui-ci leur répondit, soyez tranquilles messieurs, vous êtes ici sous la protection du Gouvernement anglais ; mais je dois vous demander votre parole d'honneur de ne point sortir des terres qui sont sous l'autorité de sa majesté Britannique, sans l'assentiment du gouvernement. Alors le gouverneur et tous les habitans de la colonie s'empressèrent de les accueillir comme ils l'avaient été à Surinam. M. le colonel Hislop, commandant des forces militaires de sa majesté Britannique dans les colonies de Berbiche et de Démérari, ayant été prévenu de leur arrivée, se rendit à Berbiche, il ajouta aux offres généreuses de la protection du Gouvernement anglais, l'expression de sa sensibilité à leurs malheurs et de son zèle à les servir, et les invita à se rendre à Démérari, en leur disant que le général Boyard, commandant de toutes les forces de terre aux îles du Vent, venait de lui expédier l'ordre de les faire parvenir à la Martinique, et que, pour les garantir des corsaires, l'amiral Hervey avait expédié une frégate. Ce fut dans la traversée de Berbiche à Démérari que Willot et Aubry tombèrent dangereusement malades ; et ne purent s'embarquer. Quel affreux spectacle, quel triste départ. Des huit déportés échappés dans la pirogue, quatre seulement, Pichegru, Dossonville, Larue et Ramel s'embarquèrent sur la frégate anglaise la Grue, commandée par le capitaine Hello ; transférés ensuite de la frégate la Grue sur la frégate l'Aimable, commandée par le capitaine Grenville Lobb. Pichegru, Dossonville et Ramel furent attaqués pendant la traversée, de la fièvre jaune, plus redoutée et plus redoutable que la peste, et ne durent leur existence qu'au courage et aux soins du capitaine Lobb. Jamais on ne fit d'une manière plus simple un si grand sacrifice, ils étaient tous les trois dans sa chambre, il ne les quitta pas un seul instant, couchait dans la même chambre, veillait lui-même aux soins pénibles et dégoûtans qu'exigeait leur situation. Lorsqu'après leur long délire, ils aperçurent pour la première fois ce héros de l'humanité ; ils ne purent ni concevoir, ni admirer assez une si haute vertu ; jamais ils ne purent obtenir de lui qu'il s'éloignât d'eux, et il ne songea à sa conservation qu'après avoir assuré la leur.

Enfin, après soixante-quatre jours d'une fatiguante navigation, ils entrèrent dans la Manche, découvrirent les côtes d'Angleterre, et bientôt celles de France. Le 21 septembre, jour anniversaire de leur départ de Rochefort, ils mouillèrent dans la rade de Déal, et on rendit compte au Gouvernement britannique de leur arrivée ; le 24 ils quittèrent la frégate l'Aimable, après avoir fait les plus tendres adieux au capitaine Lobb, et passèrent sur le vaisseau amiral l'Over-Issel, où les plus vives recommandations du capitaine Lobb les avaient précédées. Le Gouvernement britannique ayant ordonné de les faire venir à Londres, le général Pichegru y fut transporté, attendu qu'il était encore très-malade, et les autres allèrent le rejoindre le lendemain. Conduits chez M. Wickam, chargé sous M. le duc de Portland, du département de l'intérieur, de toutes les affaires relatives aux étrangers. Il les reçut avec beaucoup d'accueil, et leur témoigna la part qu'il prenait à leurs malheurs : il les assura qu'ils trouveraient auprès du Gouvernement anglais, asile, sûreté et tous les secours dus par l'humanité aux victimes d'une barbarie sans exemple. Quelques jours après, étant retournés chez M. Wickam, un homme, ou plutôt un squelette, les entendant nommer, vole à eux et s'écrie : Ah ! mes amis, vous êtes sauvés, tous mes maux sont finis, tous mes malheurs sont oubliés. Je suis Tilly, dit-il, en se jetant dans leurs bras. Un seul cri se fit entendre, Tilly, le capitaine Tilly, notre libérateur ! ils n'avaient pu le reconnaître tant il était défiguré ; ils arrosaient ses mains des larmes de la plus vive reconnaissance, et le tinrent tour-à-tour dans leurs bras. Victime de sa générosité, le cruel Jeannet l'avait fait jeter dans un cachot, les fers aux pieds et aux mains, et donner pour toute nourriture que du pain et de l'eau. Il passa deux mois dans cette affreuse prison, conduit enchaîné à bord de la frégate la Décade, qui retournait en France, on l'avait jeté avec ses chaînes dans la fosse aux Lions, le cruel Jeannet avait voulu le livrer ainsi à la vengeance du Directoire. Mais le ciel, qui veillait sur les jours de cet homme bienfaisant, permit que la frégate la Décade fut rencontrée, attaquée et enlevée par le commodore Pécuel, qui le délivra et le fit transporter à Portsmouth, d'où il obtint la permission de venir à Londres. Il s'informa, avec le plus vif intérêt, du brave Barrick; et sachant qu'il était resté à Surinam, il ne ressentit plus que le plaisir d'avoir retrouvé ceux pour lesquels il s'était si généreusement dévoué. Le Gouvernement anglais s'empressa de reconnaître la belle action du brave Tilly, par des témoignages publics d'estime et de considération, et en lui prodiguant les secours nécessaires pour se rendre auprès de sa famille.

Nous avons laissé le général Pichegru à Londres, se rétablir des cruelles fatigues qu'il avait éprouvées, et jouissant de l'estime et de la considération des membres les plus distingués du Gouvernement britannique. Pendant son absence, les affaires en France avaient bien changé de face, et le Directoire renversé avait été remplacé par les Consuls ; plusieurs de ses compagnons d'infortune étaient rentrés dans leur patrie ; il fut le seul des fructidorisés. (On avait donné ce nom à ceux qu'on avait déportés à Cayenne pour la révolution du 18 fructidor), qui n'avait pas obtenu cette faveur, et crut que le général Moreau s'opposait à sa rentrée. Celui-ci voulant détruire un pareil soupçon, écrivit à M. David, oncle du général Souhem : « Vous avez fait entendre à mon secrétaire que je m'opposais à la rentrée en

France du général Pichegru, soyez certain que cela est d'autant plus faux, que si l'autorité me faisait dire que je suis le seul obstacle, je me hâterais de le faire cesser. »

Bonaparte qui aspirait depuis long-tems au pouvoir suprême, avait à Londres, sur-tout près des Bourbons, des espions qu'il payait au poids de l'or ; il sut par eux que des émigrés n'attendaient qu'un instant favorable pour se rendre à Paris : il conçoit à l'instant le projet de les attirer lui - même, et de lier Moreau et Pichegru à leurs desseins ; il ne doutait pas que ces deux généraux, anciens compagnons d'armes, qui s'estimaient mutuellement, ne se vissent à Paris. Bonaparte n'avait pas vu sans envie la gloire de Moreau éclipser la sienne, et ses flatteurs lui avaient peint ce général comme méditant de le renverser. Quand à Pichegru, son séjour en Angleterre, et sa réputation militaire lui avait aussi attiré sa haine.

En conséquence, il feint d'exiler quelques mécontens qui lui sont vendus en secret, et qui se retirent en Angleterre. Ils y trompent le ministère en se disant les ennemis du Gouvernement consulaire, et les chefs d'un parti animé à le détruire ; ils donnent avis à Bonaparte du départ des émigrés ; on découvre leurs adresses par des espions venus de Londres avec eux. Bonaparte fait surveiller Moreau qui devait naturellement voir Pichegru. Il fait placarder sur les murs de Paris une affiche où on lisait: *Liste des brigands envoyés par l'Angleterre pour assassiner le Premier Consul.* Et dans cette liste on voyait les noms de Moreau et de Pichegru, les deux généraux dont la France s'honorera toujours.

Enchanté d'être parvenu à son but, Bonaparte fait rendre par le Sénat, un sénatus-consulte, en date du 8 nivôse, conçu en ces termes :

Art. 1.er Les fonctions du jury seront suspendues pendant le cours de l'an 12 et de l'an 13, dans tous les départemens de la République, pour les jugemens des crimes de trahison, d'attentat contre la personne du premier Consul et autres, contre la sûreté intérieure et extérieure de la République.

2. Les tribunaux criminels seront, à cet effet, organisés conformément aux dispositions de la loi du 23 floréal an 6, sans préjudice du pourvoi en cassation.

Pichegru.

Le lendemain, une loi fut rendue contre les receleurs des conjurés ; elle portait :

Art. 1.er Le recellement de Georges et des soixante brigands, actuellement cachés dans Paris ou les environs, soudoyés par l'Angleterre pour attenter à la vie du premier Consul et à la sûreté de de la République, sera jugé et puni comme le crime principal.

2. Sont receleurs ceux qui, à dater de la présente loi, auront sciemment reçu, retiré ou gardé l'un ou plusieurs des individus mentionné en l'article précédent, à moins qu'ils n'en fassent la déclaration à la police, dans le délai de vingt-quatre heures, à compter du moment où ils les auront reçus ; soit que les individus logent encore chez eux, soit qu'ils ne s'y trouvent plus.

3. Ceux qui avant la publication de la présente, auront reçu Pichegru ou les autres individus ci-dessus mentionnés, seront tenus d'en faire la déclaration à la police dans le délai de huit jours, faute de déclaration, ils seront punis de six ans de fers.

4. Ceux qui feront la déclaration dans [illegible] ne pourront être pour-fait de recellement, ni

même pour *infractions aux lois* de police.

On voit, par ce sénatus-consulte, que Bonaparte non content de ravir les émigrés à leurs juges naturels, le jury, pouvait composer le tribunal de ceux des juges qu'il savait lui être affidés.

Cependant, presque tous jugèrent suivant leur conscience, et si quelques-uns d'entre eux s'en sont écartés, leurs remords furent leur juste punition. Quand à la loi, jamais piège ne fut tendu avec plus d'astuce à la crainte, et à la dénonciation ; aussi produisit - elle l'effet que Bonaparte en attendait.

La peur saisit en même tems, et les dénoncés et presque tous ceux qui les recelaient : on avait leur signalement. On les arrêta dans les rues ; ceux qui furent obligés de changer de retraite, furent suivis et saisit. Des démarches indiscrètes et des révélations firent pénétrer dans des cachettes qui n'avaient point été abandonnées. Enfin, tous furent saisis et traduits au tribunal. Pichegru arrêté sur l'infâme dénonciation de celui qui lui avait donné retraite, fut conduit au Temple. Soit que cet illustre général ne put survivre à l'infâmie d'un procès criminel, et que l'honneur lui ait fait préférer la mort à la diffamation ; soit enfin qu'il ait été victime d'un affreux attentat, on le trouva étranglé dans sa prison.

Mille bruits coururent alors sur cet événement sinistre. Je vais rapporter celui qui parut le plus vraisemblable. « Bonaparte étant en Egypte, fut bloqué par les Anglais, et n'avait nul moyen de revenir en France, sans passer à travers la flotte ennemie, qui n'aurait pas manqué de s'en saisir. Dans cet embarras extrême, il fit, par écrit, un traité secret dont il devait à son retour remplir les conditions ; alors tous les obstacles furent levés, et il arriva à Paris sans aucun inconvénient. Bonaparte n'ayant pas rempli sa promesse, ce traité fut remis à Pichegru pendant son séjour à Londres, pour s'en servir contre celui qui s'était déclaré si ouvertement son ennemi. Les espions perfides que Bonaparte avait à Londres, l'instruisirent de cette particularité ; desirant avoir, à quelque prix que ce fut ce traité, il fit étrangler Pichegru pendant son sommeil par quatre mamelucks qui s'emparèrent du papier, et furent ensuite fusillés à leur tour pour ensevelir dans l'oubli ce terrible secret. » Que ce fait soit véritable ou non, je le rapporte comme un bruit qui courut et non comme une certitude ; cependant, qu'il me soit permis d'ajouter ici quelques réflexions. Pichegru qui avait tant de fois affronté la mort dans les combats ; qui avait bravé tous les dangers pour échapper à la déportation, Pichegru d'une bravoure et d'un courage sans reproches, impliqué dans un procès, dénué de preuves, n'aurait pas eu la faiblesse de se soustraire par un suicide aux moyens de prouver à toute l'Europe son innocence. D'un autre côté, est-il possible qu'un homme put s'étrangler lui-même de la manière qui fut rapportée alors ; et malgré que les gens de l'art aient voulu prouver par leur rapport cette probabilité ; il n'y eut aucune personne de bons sens et éclairée qui y ajouta foi.

Pichegru fut donc la victime d'une affreuse vengeance ; peut-être aussi craignait-on de sa part des aveux qui auraient porté dans ce procès une lumière qu'il était de l'intérêt de ne pas laisser éclater. L'appareil que l'on déploya dans cette circonstance, la publicité que l'on donna aux procès-verbaux qui constataient sa mort prouvent assez combien l'on redoutait les soupçons à cet égard.

Quoi qu'il en soit, dans tout le cours

de la procédure , sa mémoire ne fut pas diffamée , et l'accusation dirigée contre lui ne trouva pas de preuves. Pichegru généralement estimé du peuple , adoré du soldat , n'emporta point dans la tombe le nom de traître , et les services qu'il rendit à sa patrie firent vivement regretter sa perte. Tel est le sort des grands hommes , l'envie , la basse jalousie s'attachent à leurs pas , et Pichegru nous en offre un funeste exemple.

Pour prix de ses brillans exploits , pour prix de ses brillantes conquêtes , on le transporte dans les affreux déserts de Sinamary , afin qu'il y ensevelit dans ce vaste tombeau sa gloire et ses succès ; échappé comme par miracle de ces horribles contrées , il trouve au sein de sa patrie une mort qu'il avait bravée tant de fois. Il voit son nom proclamé comme un brigand , et se trouve impliqué dans un dédale dont on ne peut prévoir l'issue. Il aperçoit le glaive de la justice suspendue sur sa tête , pour prix des services qu'il rendit à sa patrie.

Ainsi périt un des généraux qui porta au plus haut degré de gloire les armes françaises , celui que les tigres et les bêtes féroces avaient épargné dans les déserts de Synamary , celui que la mer en courroux avait respecté, trouva au sein d'une ingrate patrie, une mort que la haine et la vengeance rendirent diffamante, mais que la postérité, toujours juste, honorera des plus vifs regrets; et l'on peut assurer que le nom de Pichegru ne sera prononcé qu'avec admiration, tant qu'il existera des Français. Qu'il me soit permis de rapporter ici quelques anecdotes privées qui le peindront comme simple particulier au lecteur.

On lui fit entrevoir un jour, au milieu de ses triomphes, que sa gloire offusquait les autorités et les indisposait contre lui. Un proconsul moins modéré que les autres, le lui dit assez vivement et très-grossièrement, au milieu d'un repas, à Bruxelles; le général, peu endurant, avec un air très-réfléchi, se contenta de lui faire cette réponse : *Je vois, citoyen représentant, que l'aristocratie n'a fait que changer de mains.*

Après la journée du 18 fructidor, Pichegru, et ses compagnons, condamnés à la déportation, reçut les plus grands témoignages d'estime et d'affection de la part de plusieurs habitans d'Orléans. A Blois, on lui fit parvenir un billet conçu en ces termes : « Général , *sortir de la* » *prison où vous êtes, monter à cheval,*

» vous sauver sous un autre nom , à la
» faveur d'un passeport , tout cela ne
» dépend que de vous. Si vous y consen-
» tez , aussitôt après avoir lu ce billet ,
» approchez-vous de la garde qui vous
» surveille , et ayez le soin d'avoir le
» chapeau sur la tête , ce sera le signal
» de votre consentement. Alors soyez
» de minuit à deux heures habillé ,
» et éveillé. » Pichegru s'approcha de
la garde la tête nue. . . . . La personne
qui désirait le sauver jeta sur lui un regard d'admiration et s'éloigna en soupirant.

A Londres , dans un dîner chez un
membre du parlement, où il assistait
avec les déportés, et où se trouvaient
le ministre Wickem , Sydney , Smith
et plusieurs lords. Il porta le toast suivant. Au bonheur des nations . . . Que
les amis de l'humanité se réunissent pour
désirer la paix et la chûte des oppresseurs.

Lorsqu'au 18 fructidor, il fut conduit
au temple avec les autres députés , à
force d'instances , les portes de la prison furent ouvertes aux femmes des déportés; Pichegru voyant arriver les
épouses de ses collègues , vint à elles
et prit entre ses bras le petit enfant de

Delarue qui pleurait; eh! pourquoi pleures-tu, mon enfant? lui dit Pichegru les larmes aux yeux, et en l'embrassant. — Pourquoi, répondit l'enfant, *Soldats méchans ont arrêté petit papa.*
— Tu as bien raison, reprit Pichegru avec indignation, et en jetant sur les militaires un regard de mépris; ce sont de *méchans* soldats. car de *bons* soldats ne seraient point des bourreaux.

Pichegru, prêt à partir pour la Guyanne, versa des larmes sur le sort de sa sœur et de son pauvre frère, ministre catholique, sans existence, ils vont rester sans appui. Pichegru ne fut jamais riche. Il part, et une dette de cent francs n'est pas acquittée; on s'adresse à ces deux infortunés; des objets biens chers se trouvent entre leurs mains, mais ils ne peuvent plus les conserver; l'habit, le chapeau, l'épée du vainqueur de la Hollande sont vendus, et c'est la dernière ressource de son honorable misère.

Une lettre écrite de Londres, le 27 octobre 1798, le peint ainsi : « Depuis que je connais le général Pichegru, je ne suis plus étonné de sa grande réputation militaire; vous savez que je ne juge pas avec précipitation : ce n'est donc qu'après l'avoir longtems étudié que je me permets de prononcer sur son compte ; Pichegru est sans contredit l'un des plus grands généraux de l'Europe ; mais je ne lui suppose pas les mêmes talens comme politique ; c'est un brave qui ne doit être bien placé qu'à la tête d'une armée. A sa démarche sûre, on croit reconnaître un vainqueur ; sa contenance est d'un héros, et sa physionomie d'un honnête homme ; il ne parle que de son pays ; on voit que son opinion se borne à l'amour de la patrie. Au surplus, il parle peu ; je ne sais pas si Pichegru est fortement attaché au système républicain ; jusqu'à présent j'ai moins cherché à pénétrer son opinion que son cœur. Ce grand homme semble toujours disposé à répondre à ceux qui viennent lui parler de tel ou tel parti : *Faites le bonheur des Français, et je suis pour vous.*

Il savait que l'honneur était la seule chose à laquelle le militaire français fut sensible ; aussi s'en servit-il à propos ; dans une affaire qui eut lieu entre Courtrai et Ingelmunster, le second régiment de cavalerie laissa prendre ses deux canons. Le général Pichegru fit mettre à l'ordre que ce régiment, ainsi

que tous ceux qui perdraient leurs canons , n'en pourraient redemander qu'a-
près en avoir repris le même nombre sur
l'ennemi ; trois jours après , ce régiment
en prit quatre.

Lors du 18 fructidor, on lut dans un
mémoire des événemens de ce tems, le
passage suivant. « Je suis loin de vouloir
décider si Pichegru était coupable ; il le
fut sans doute , si la centième partie de
ce qui est dit de lui dans le rapport de
la commission fait par Bailleul est vrai ;
mais quand je démontre que sur tous les
faits qui me sont intimement connus ,
elle a outragé la vérité avec le dernier
degré de l'impudeur et de la perfidie ; il
est permis de supposer qu'elle ne l'a pas
respecté davantage en ce qui concerne
les autres ; et que penser , lorsqu'on la
voit pousser l'injustice jusqu'à réduire
au néant les services que Pichegru a ren-
dus comme général en chef de l'armée
du Nord, de peur qu'on ne soit tenté d'op-
poser dans le tableau ces mêmes services
aux délits dont on l'accuse.

Le roi de Prusse fut le seul entre les
coalisés qui se défiait des plans de Pichegru , et le seul qui lui ait rendu justice. Vers le commencement de la campagne de l'an deux, ce monarque écrivit

à l'Empereur, une lettre qui portait en substance : il est impossible de sauver votre territoire de l'invasion ; les Français ont toujours des armées renaissantes ; et ne vous y trompez pas , leurs généraux ont une bonne tactique qui déconcerte la nôtre et la met toujours en défaut.

Rapport succinct de ses victoires.

Pichegru , nommé général en chef de l'armée du Rhin , s'empressa à rétablir la discipline dans cette armée , et commença ses triomphes par la prise de Haguenau , qui fut suivie de celle des lignes de Wissembourg et du débloquement de Landau.

Nommé général en chef des armées du Nord et de Sambre et Meuse ; il se distingua par la prise de Courtrai , la bataille de Moekern et la prise de Menin, qui fut suivie de celles de Thuin, Fontaine-l'Evêque et Bincha. Il défit l'armée anglaise à Lannoy , Turcoing , et fit battre en retraite Clairfait à Thielt ; il investit Ypres , donna la bataille d'Hooglide , et fit capituler Ypres ; il fit entrer les Français à Ostende , Gand , prit Oudenarde , Tournay et Charleroi,

et donna la fameuse bataille de Fleu-
rus. Il s'empara de Louvain, Malines et
Namur, fit rendre Landrecie, et forma
le siége du Quesnoy, conquit Anvers,
Tongres, Liége, Nieuport. On fit le
siége de Lécluse et le Quesnoy se rendit. Lécluse fut prise, Condé et Valen-
ciennes capitulèrent. Il s'empara de la
Hollande. Et enfin, s'il fallait citer toutes ses victoires, il faudrait citer toutes
ses campagnes; cependant sa dernière,
comme général en chef de l'armée du
Rhin, malgré tous ses efforts pour soutenir ses positions, ne lui fut pas favorable ; il fut forcé à la retraite, mais il
l'opéra honorablement.

Ayant éprouvé beaucoup de contra-
riété et de dégoût dans cette armée, il
donna sa démission. Sa gloire ne fut
point ternie. Ses talens militaires étaient
connus. Mais comment conduire à la
victoire des soldats nus, sans pain et
désespérés de voir au milieu de leur
triste misère, des représentans qui éta-
laient le faste de Lucullus, et contra-
riaient sans cesse les opérations des généraux ; telles étaient alors la plupart de
nos armées. Il fallait donc le courage
inné dans le cœur des Français, le talent

supérieur des généraux , pour surmonter tous les obstacles, qui n'en furent jamais sous des chefs tels que Pichegru, Moreau et tant d'autres dont la nation s'honorera toujours.

Je vais terminer cet ouvrage par une description abrégée de Cayenne et de Synamary. Le tableau de ces affreux pays, où tant d'illustres victimes, des divers partis qui, à cette époque, gouvernèrent la France, furent envoyés et déportées, ne peut qu'intéresser le lecteur. Quel effrayant supplice ne subirent-elles pas dans ce vaste tombeau de l'espèce humaine. L'insalubrité pestilentielle de l'air , les tigres , les insectes, le climat , elles eurent tout à combattre ; et la mort fut cent fois invoquée comme la faveur la plus précieuse pour les soustraire à tant de maux. Il semblait que les féroces commandans de ces horribles contrées ne fussent pas encore assez pénétrés de leur douleur, puisqu'ils les augmentaient sans cesse par les plus indignes traitemens, et rivalisaient, pour ainsi dire, avec les bêtes féroces, pour aggraver , s'il était possible, la cruelle situation de tant d'infortunés qui n'avaient commis d'autres crimes que leur sincère attachement pour leur patrie.

Description de Cayenne, Konamana, Synamary, et environs.

La Guyanne ou Grande-Terre, est une portion de l'Amérique, proprement dite, formant la quatrième partie du Monde. On entend par ce mot Grande-Terre ou Terre-Ferme, une immense surface solide qui confine du pôle antarctique au pôle arctique, et même à l'Asie, par l'extrémité septentrionale du détroit de Davis, et par les immenses solitudes glacées au nord-ouest, aperçues, en 1741, par *Tchiricouv*. L'Amérique se divise en deux parties, septentrionale et méridionale. La première, qui s'étend jusqu'à l'isthme de Panama, est bornée, au levant, par les Antilles; au couchant, par la mer Pacifique; au midi, par *Lorenoque*, les îles *Galapes* et des *Cocos*; au nord, elle est sans bornes.

L'autre, bornée au levant par la mer du Nord et par l'Océan, s'étend en deçà de la ligne, depuis l'équateur jusqu'au dixième degré du pôle arctique, et, au-delà, jusqu'au cinquante-cinquième degré de latitude du pôle antarctique. C'est dans le dixième degré du pôle arctique que se trouvent les

Guyannes immenses , presqu'îles bor-
nées, au levant, par la mer du Nord;
au couchant, par les Cordelières ; au
nord, par Lorenoque ; au midi, par
les Amazones ou la ligne.

En se reportant à cent trente lieues,
du midi au nord, du Cap-Nord , par
le premier degré cinquante-une minutes de latitude septentrionales, et cin-
quante-deux degrés vingt-trois minutes
de longitude à l'occident du méridien
de Paris , se trouvent les confins de la
Guyane portugaise , et méridionaux de
la française. Là , commence la baie de
Vincent-Pinçon, nom d'un des compagnons d'Améric-Vespuce , qui alla la
reconnaître. La crique Macari et la rivière de Manaye coulent dans ce canal , à l'embouchure d'un autre plus
grand, nommé Carapapouri. Ces riva-
ges, toujours verts, présentent de loin
un abord gracieux ; on croirait qu'ils
sont habités, et ils pourraient l'être, si
la colonie était plus populeuse ; mais
ils creuseront toujours le tombeau des
blancs d'Europe qu'on y enverrait pour
les acclimater. L'intérieur offre de grandes prairies, des précipices, des forêts
impénétrables, des lacs à perte de vue,
des nuées d'insectes et de mouches alté-

rées de sang, d'énormes serpens, des tigres, des hyennes, des couleuvres, des crocodiles ; il s'élève de ce sol des vapeurs homicides qui empoisonnent celui qui l'ouvre le premier. Les autres cantons, du midi au nord, prennent leurs noms des rivières ou des caps, du midi au nord, dans l'ordre suivant : *Conani, Cachipour, Couripi, Oyapoc, Ouanari, Appronague, Kaw, Mahuri,* qui se nomme Oÿac dans tout son cours, et Cayenne, qui tient le milieu ; dans la partie du nord *Macouria*, vous vous engagez dans un sable mouvant, à six lieues, la rivière nommée Makouria, coupe le canton en deux jusqu'à la grande rivière de *Kourou* ; à six lieues, toujours dans la même direction, sé trouve la petite rivière de *Malmalnouri*, engorgée, comme les autres, à son embouchure, par des sommes de vase. À la même distance, est celle de *Synamary*, qui doit son nom à la salubrité d'une fontaine qui se trouve à deux lieues à l'est-sud. La rivière *Dyracoubo*, celle de *Mana*, à vingt-huit lieues des côtes, jusqu'au fleuve *Maroni*, arrosent et fixent les bornes de la Guyanne française, du côté du nord.

Le chef-lieu de cette colonie est assez généralement connu sous le nom d'île de Cayenne. Mais on ne prendrait pas une idée juste de cette île, si on se la représentait comme une terre éloignée du continent, isolée et entourée d'une mer navigable pour les vaisseaux. Au contraire, lorsque le navigateur aborde ce terrain, il lui paraît faire partie de la Terre-Ferme. Mais il en est séparé par des rivières dans lesquelles la mer monte et descend à chaque marée, mais où l'on ne peut naviguer qu'avec des barques ou avec des pirogues. La plus grande largeur de l'île de Cayenne, est de quatre lieues, sa plus grande longueur, de cinq lieues et demie, et sa circonférence, eu égard à toutes ses sinuosités, est d'environ seize lieues et demie. La partie de cette circonférence, bordée par la mer, et qui regarde le nord-est, a à-peu-près trois lieues et demie.

La ville de Cayenne, située à l'extrémité de cette île, à l'embouchure de la rivière du même nom, est fortifiée, et pourrait être défendue par un petit morne (montagne), qui se trouve dans son enceinte.

Les habitans de ce pays sont *amphisciens,* c'est-à-dire, que leur ombre va de côté et d'autre. Depuis le 20 avril jusqu'au 20 août, elle est du côté du midi, et pendant les six autres mois, elle tourne du côté du nord. Tous les jours sont égaux aux nuits; ils ont deux étés, deux équinoxes, deux hivers, et deux solstices. La chaleur est tempérée par des pluies très-abondantes, qui tombent depuis le solstice d'hiver, mi-décembre, jusqu'en mars, et reprennent en mai, jusqu'à la fin de juillet, où commence le grand été jusqu'en décembre. Le soleil passe deux fois à pic sur leurs têtes; le 20 avril et le 20 août, il est peu sensible la première fois par les pluies, dont la terre est arrosée. Son retour donne pourtant un mois et demi de beau tems, qui sèche un peu les étangs; mais l'inconstance de ces climats, boisés et montueux, trompe souvent l'attente des colons, qui feraient toujours deux riches récoltes, si les étés et les hivernages étaient réglés.

On sera sans doute étonné d'entendre parler d'hiver et d'été sous la zône torride. L'été, pour eux, est un soleil brûlant, qui, pendant plusieurs mois, n'est rafraîchi que par l'haleine d'une brise ou vent violent qui soufle toujours de l'est au nord-est. Pendant la journée, le vent vient de mer, et souffle celui de terre. Ce dernier ne se fait sentir aux côtes que dans certains tems, pendant quelques heures, et presque toujours le matin et soir, après le coucher du soleil.

L'hiver est la chûte continuelle des pluies. Elles sont si abondantes, que souvent les cases sont inondées, et les plantages sous l'eau; la pluie tombe quelquefois quinze jours sans interruption; ces grandes pluies forment des torrens qui grossissent les fleuves; on les appelle avalasses. Les hivers sont quelquefois secs et chauds, alors les plantages meurent. Le vent de nord, qu'on appelle bise en France, brûle et gèle de son souffle nitreux, sec et froid, les fleurs, les fruits et les tendres bourgeons. Voilà le sol et la température du pays.

L'ancienne ville se compose de vilaines cabannes, nommées cases, où l'on ne voit que des châssis sans vitres, un amas de maisons sans art et sans goût, des rues en pente, sales et étroites, pavées en pointes. Quelques vieilles rosses étiques, attelées à un cabrouet, traînent quelques mauvaises futailles, quelques barils de bœufs ou de morue salée. Quelques maisons à deux étages, et des boutiques qui se louent très-cher, et qui servent d'entrepôt ou de magasin de déchargement des denrées coloniales ou européennes.

La nouvelle ville, que l'on nommerait en France, queue de bourgade, est plus régulière, plus gaie, quoique bâtie dans le même genre sur une savanne ou prairie desséchée depuis quinze ou vingt ans. Le tout est moins considérable qu'un beau village ; les cases paraissent vides, ou occupées en grande partie par des gens de couleur, qui n'ont rien, ne font rien, et ne s'inquiètent de rien, et qui vivent plus à leur aise que les artisans d'Europe, que l'aurore ne trouve jamais dans leurs lits, et qui portent tout le poids du jour.

A Cayenne, tout le monde vend, troque, achète et revend la même chose ; tout est au poids de l'or, et chacun en trouve presque sans savoir comment. Ce paradoxe est facile à entendre quand on connait les colonies. Ceux qui les habitent, dépensent avec profusion l'argent qu'ils gagnent sans peine ; pour peu qu'ils en ayent, ils ne se passent de rien. N'ont-ils rien, ils empruntent, ils trouvent facilement du crédit ; car tous les insulaires sont confians pour des bagatelles. Ne trouvent-ils pas à emprunter, ils mangent un morceau de pâte de racine, se promènent, dorment, et ne s'inquiètent de leur existence que quand ils n'ont absolument rien. Cette classe d'oisifs est alimentée par les riches marchands qui troquent les négresses comme les denrées, lesquelles négresses troquent à leur tour tout ce qu'elles ont reçu pour les faveurs des nègres. Les arrivans d'Europe payent tout ; et quand les bâtimens sont long-tems à venir, la famine est générale, sans épouvanter personne. Telle est la vie de la plupart des noirs et des gens de couleur.

On compte, dans cette colonie, différentes races d'hommes, savoir : les blancs ou colons, les nègres, les mulâtres, les métis, les quarterons, les créoles ; et chaque espèce a des nuances de singularité, et souvent de rusticité du terroir.

Passons maintenant aux divers reptiles et animaux qui infectent l'île. Les bords de la mer, des étangs, des rivières, sont noirs, de petits vers qui se retirent à l'écart, changent en moins d'une heure d'existence et de peau pour prendre des ailes, de très - longues pattes plus fines que la soie, un aiguillon ou couteau pointu et tranchant, et une pompe aspirante pour pomper le sang dont leur dard a brisé l'enveloppe. Ils occasionnent d'abord une crispation peu sensible, qui devient bientôt insupportable par l'avidité de l'animal qui enfonce la conque de sa trompe, qu'il élargit encore pour se plonger tout entier dans le sang. Si vous le laissez boire jusqu'à satiété, il se gonfle au point de ne pouvoir plus s'envoler; l'air pénètre dans la petite incision qu'il a faite, le peu de sang extravasé occasionne une petite tumeur et une démangeaison cruelle, ou plutôt une brûlure par la multiplicité des plaies. Les moustiques ou brulots, les makes, les maringouins, dont la piqûre est celle des cousins de France, les chiques qui entrent dans vos pieds, engendrent des vers, qui sont bientôt suivis de la gangrène; en peu de jours, une seule chique entreprend toute une partie du corps, elle ne meurre jamais sans avoir été extirpée et écrasée. Les araignées crabes, les serpens-grage, les fourmis coureuses, dont la piqûre forme des bouteilles sur la peau, et occasionne des démangeaisons âcres, le tigre rouge, le tigre noir, le tigre martelé et le tigre appelé balalou, la hyenne et le chacal, le poux d'agouti, qu'il faut arracher avec la même précaution que la chique ; les chauves-souris , grosses comme la tête, qui pendant votre sommeil , vous ouvrent la veine pour boire votre sang ; la mouche adrague, dont la piqûre cause une subite inflammation, des vers armés de mille pattes ou mille dards. Ces vers caparaçonnés en anneaux velus, sont longs comme le doigt , leur piqûre donne la fièvre et causent quelquefois la mort; des caïmans qui habitent les étangs et dévorent ce qu'ils rencontrent ; des serpens d'une énorme grosseur, tels sont les animaux à redouter dans ces funestes climats ; joignez à cela les maladies, comme fièvres chaudes et putrides , des attaques d'apoplexies qui vous prennent pendant le sommeil ; des fièvres pestillencielles , plus communes que la migraine en France, qui occasionnent souvent des obstructions au foie, le cathare, l'éthisie; et vous aurez l'affreux tableau des tourmens qui peut éprouver un européen. Mais une maladie d'un autre genre est celle connue sous le nom de mal rouge, ou des Arabes. Le principe de ce mal vient d'un libertinage honteux ; quand il se déclare au dehors, c'est une gangrène lente qui fait tomber les membres sans douleur. Un lépreux, c'est ainsi que l'on nomme ceux qui en sont atteints, se brûle sans s'en apercevoir; on lui enfonce des épingles dans les bras, dans les jambes sans qu'il se réveille s'il dort, et sans qu'il crie s'il est éveillé; ces malades sont relégués sur une île à trois lieues au sud - est de Cayenne, d'où ils ne communique avec qui que ce soit au monde. La honte est attachée à cet exil, et la faculté y regarde à deux fois pour y condamner un homme; tout ce qui approche de lui occasionne une juste répugnance, car cette peste est communicative. Leur île est presque innabordable, d'où lui vient le nom de malingre ou mal aisé à encrer. Si quelques curieux y vont par faveur, les malades se retirent et n'osent les approcher ni les toucher. C'est un spectacle digne de compassion de voir ces cadâvres vivans en lambeaux, dont l'un a perdu les deux bras, un autre les doigts des pieds; celui-ci est couvert d'ulcères purulens, cet autre a la figure rongée de chancres. Enfin, tous savent que l'enceinte qu'ils foulent est leur tombeau; ils n'ont souvent pas la force d'inhumer leurs confrères qui viennent de mourir.

Passons maintenant aux déserts de

Konanama et de Sinamary. Le pôle de Sinamary, qui a pris son nom de la rivière, est à l'extrémité nord-ouest d'une savanne ou prairie de quinze à seize milles de longs, sur huit ou dix de larges. Il est composé de quinze ou seize cases, restes des débris malheureux de la colonie qui s'y forma en 1763. Les bords de la rivière sont couverts de bois, entravés et infectés par les branches des palétuviers pourries dans la vase. En suivant un sentier étroit sur un sol brûlant jusqu'à une lieue dans les terres, on arrive, en sortant des bois, au fort qui est construit en madriers et palissades ; il n'a aucun ouvrage extérieur ; c'est un quarré d'environ cent toises, flanqué de quatre bastions et entouré d'un large fossé, dans lequel on a introduit les eaux de la rivière ; de manière que le fort se trouve isolé ; les casernes pour les garnisons, le logement du commandant et quelques huttes pour les vivandiers, occupent la courtine à droite du côté de la rivière ; le long de la courtine opposée, est l'ancienne chapelle que les révolutionnaires blancs ont dévastée, et que les nègres respectent toujours. A côté de la chapelle est un hangard sous lequel sont bâties huit mauvaises cases ; en face de l'entrée du fort est le logement du garde-magasin ; les terres pleines des bastions sont occupées par des magasins de vivres et de munitions, et l'un des quatre, celui du nord, du côté de la rivière, sert de corps-degarde ; l'espace qui reste au milieu du fort, est planté d'orangers. Ce fort est armé et bien entretenu ; à six lieues plus loin sont les bords de Konanama. Voici l'origine de ce séjour d'horreur.

Des marchands rouennais y débarquèrent en 1626 ; la plage, d'où la mer s'est retirée à deux lieues et demie, était sous l'eau jusqu'aux montagnes. Konamana leur parut propre à faire une colonie ; Cayenne et ses environs n'étant alors peuplés que de Sauvages. Ils s'établirent sur la cime des rochers pour faire la guerre aux Indiens ; au bout de trois semaines, les trois quarts moururent de la peste, et les autres firent promptement voile pour la France. Pour parvenir dans ces affreux repaires, en partant de Cayenne, on cotoie le rivage à neuf mille en mer ; à trente lieues au nordouest, se présente un grand bassin où les vents engouffrent les flots et font remonter à deux et à quatre lieues vers sa source, une rivière rapide dont les bords étroits et escarpés sont plantés de grands arbres, si bien enlacés et si touffus, que le soleil n'éclaire jamais l'onde. En remontant cette rivière, environ à six milles, on trouve une chaîne de rochers au milieu de son lit, qui vous force de mettre pied à terre pour tirer votre canot et le porter au-delà de la cataracte ou du premier saut, à moins que vous ne profitiez du grand montant. Gravissez la rive droite de fleuve, et au levant vous apercevez une langue de bois acqueux qui s'élève jusques aux nues, et qui se prolonge depuis le rivage jusqu'à une demi-lieue du nord au sud, et intercepte la brise qui vient de la mer; au couchant, une épaisse forêt ferme cette immense grotte; au sud couchant, des bouquets de bois çà et là, croisent le vent de terre. Au midi plein, une vaste prairie, couverte d'herbes coupantes, est traversée par des rigoles et des étangs qui aboutissent à une forêt circonscrite en demi-cercle. Du côté du sud, ces bois conservent une éternelle fraîcheur; leur pied pose sur des vases noires, sur des gouffres, sur des terres tremblantes; l'été ne les dessèche jamais assez pour qu'un voyageur puisse s'y engager sans guide. Outre les remous, il s'y trouve une grande quantité de couleuvres plus grosses que le corps d'un homme. Tous ces arbres sont stériles, quelques-uns portent des fruits mortels, d'autres des serpens-lianes qui s'entrelacent et font sentinelles au haut des branches, leur couleur verte comme les feuilles, ou grise comme le tronc de l'arbre, jointe à l'obscurité et aux précipices, mettent la prévoyance en défaut ; au couchant, sud, à l'angle du bois est un chemin impratiqué, connu par les Indiens *arouas*, qui conduit dans d'autres précipices à perte de vue. L'horison est borné par des forêts, des montagnes et des lacs, à l'est ; et nord - est, par des déserts et des palétuviers. Comment échapper à la misère, au désespoir, à la mort.

Les vastes forêts dont je viens de parler ne donnent point d'ombrage depuis huit heures du matin jasqu'à cinq heures du soir ; on est rôti par un soleil brûlant qui ne se cache qu'à regret dans le bois qui vous entoure. Le bord des Baches est un étang vaseux, et ces arbres ne couvriraient que de leurs troncs, car la couronne de leurs cimes, à cent pieds en l'air, n'est formée que d'un rang de feuilles découpées en lance en forme d'éventail, de la longueur de deux pieds. La Savanne, ou vaste plaine où l'on se trouve, est inculte, sillonnée en dos d'âne, et les arbustes y viennent à regret. La terre est rougeâtre, couverte d'une mauvaise friche à trois tranchans, qui se dessèche aux premières chaleurs de l'été ; elle est encore peuplée de serpens de toutes espèces. Lorsque l'on tourne le dos au nord, la vue s'étend à trois lieues à travers les clairières que les islets de bois laissent çà et là. A l'orient et occident, le terrain boisée prend une forme sphéroïde. Là, le sol trop fertile est couvert d'arbres qui ne redoutent ni la hache ni la coignée ; ici, il a horreur de produire quelque chose de misérable acajou sauvage et des ronces se cherchent pour s'entre étouffer. Voilà enfin Konamana. Avant la révolution, on n'estimait le terrain de la colonie de Cayenne, que relativement à la valeur des noirs qui le cultivaient, et à celle des établissemens déjà formés ; mais à Konamana, il n'y avait que deux établissemens abandonnés, et aucun noir. A trois portées de pistolets de la rive droite de la rivière, s'élève une butte qui se prolonge de l'orient à l'occident. Cet endroit, à l'abri de tous les côtés, reçoit, pendant l'été, les feux d'un soleil brûlant, qui resserre ses rayons comme dans le foyer d'un verre concave, et pompe les exhalaisons de la terre. Le pied de la montagne est inculte; le sol est une terre de sang qui éblouit et reflete la lumière et la chaleur d'une force insupportable. Le plan incliné et raboteux à l'extrémité du rayon qui reçoit les torrens de feu ou de pluie d'une plaine de trois lieues de diamètre, est précisément l'endroit que l'on a choisi pour bâtir le village que l'on nomme la Décade. Ce village est bâti, du midi au nord, depuis le haut jusqu'en bas du ravin; c'est dans cette gorge que sont les principales huttes. Un sentier, large de vingt pieds, forme une rue en pente jusqu'à la rivière dont les bords sont exhaussés. Au haut de la montagne, un peu à gauche, à trente pas des autres korbets, est une loge assez propre, c'est celle du directeur; à droite, une autre hutte est le corps-de-garde des soldats blancs; à gauche, celui des noirs. Le magasin est à gauche, dans le fond du vallon; le four du boulanger est derrière; l'hôpital est sur la même ligne; un peu plus haut la prison. L'hiver, les torrens s'y précipitent : ce fut dans cet endroit

que furent conduits la plupart des déportés, et surtout les ecclésiastiques. Les
sauvages du fond des bois auraient versé
des larmes au spectacle que présentaient
ces malheureux; les uns, le teint hâve,
les lèvres sèches comme du parchemin;
les autres, s'éveillant avec effroi par la
piqûre des moustiques, qui, comme une
goutte d'huile bouillante, forme des bouteilles sur ce qu'elle touche; d'autres, enfin, errant comme des fantômes, un livre
à la main, sans savoir où ils vont, ce
qu'ils veulent, s'ils existent encore. Ils se
touchent et ne s'aperçoivent pas. Un seul
habitant s'est relégué dans ces funestes
contrées; il les reçoit avec bonté, les con-
sole; mais il n'a rien à leur donner que
des paroles de paix. La maladie, le désespoir, la peste, leur font avancer leurs
jours; ces morts violentes firent une si
vive impression sur leurs malheureux
compagnons d'infortune, que les uns
tombèrent en démence; les autres furent
agités d'une fièvre chaude ou putride;
ceux-ci moururent de peste; ceux-là de
défaillance, de dégoût, de consomption,
de malpropreté.

A peine arrivés, l'hôpital, les karbets
furent pleins de malades; les ongles leur
tombèrent, leurs jambes et leur corps

s'enflèrent, furent gluans et pleins de
pustules. Ils infectaient l'air, et ne prenaient que des alimens salés, cuits dans
de l'eau de mer. On leur faisait payer
tout au poids de l'or; et les nègres et les
fripons se coalisaient pour leur arracher
leurs effets; tous les fléaux de la colonie
les assaillirent en même-tems. Les nègres
exigeaient vingt-quatre sols pour leur ex-
tirper ces terribles insectes, connus sous
le nom de chiques ou piquans de cendre.
Les indigens, à qui on avait tout volé, en
eurent une si grande quantité, que leur
cadavre, encore vivant, tomboit en lambeaux rongé par les vers. D'autres, attaqués de la dyssenterie, ne pouvaient se
remuer dans leur case, et exhalaient
une odeur si infecte, que personne n'o-
sait en approcher ; et ces malheureux
périssaient dans ce déplorable état, les
vers s'attachant aux parties internes déjà
ulcérées et sanglantes.

Tous ceux qui mouraient sans suc-
cession étaient dépouillés, leurs cadâvres
jetés nus dans les karbets. Les nègres
refusaient de les inhumer, à moins que
les autres ne se cotisassent pour la somme
de 12 à 18 francs, et Prevost, gouverneur de Konanama, gardait le silence
sur cet odieux trafic. Il voulut même les

contraindre à s'inhumer les uns et les autres, sur le reproche que ces déportés lui firent, que c'était aux bourreaux à enterrer leurs victimes; plusieurs faillirent à être fusillés L'hôpital était dans l'état le plus déplorable, et la malpropreté qui y régnait était la cause que les malades refusaient d'y aller; il n'y avait ni chaises, ni tables, ni aucun meuble; ils y étaient plus mal que dans leurs karbets; les nègres les insultaient en leur montrant le bâton, d'autres les rudoyaient, en disant à ceux qui pouvaient encore se soutenir, vous n'êtes pas malades, puisque vous êtes debout et que vous marchez. Ils les laissaient pourrir dans leurs lits, et ces malheureux voyaient avant de mourir, sortir les vers de leurs cadâvres, et ils ne cessaient de vivre que quand ces vers avaient gagnés leurs instestins.

Plusieurs déportés, étant à l'hôpital, tombaient de leur hamac pendant la nuit, sans qu'aucun infirmier les relevât; et on les trouvait morts ainsi par terre. Lorsqu'ils sortaient de l'hôpital, le garde-magasin dépositaire des effets qu'ils lui avaient confiés, ne consentait qu'à leur rendre une partie de ce qu'ils réclamaient, en leur disant, vous n'êtes pas morts, cela doit vous suffire. Je finirai cet horrible récit par le trait suivant. Un d'eux, vieillard respectable, tourmenté depuis trois jours d'une fièvre brûlante, demandait depuis douze heures une goutte d'eau. Personne n'avait fait attention à cet infortuné, dont les lèvres noires étaient le siége de la mort ; il était d'un tempérament robuste, la voix lui manquait faute de salive, il faisait signe de la main, tantôt les yeux fixés vers le ciel, tantôt vers l'infirmier ou le soldat que l'appât du gain engageait à faire la visite. Le hasard y conduisit un militaire blanc qui poursuivait un noir, accusé d'avoir fait un coup. Le moribond l'arrête, lui fait signe qu'il a soif, le presse de lui apporter une goutte d'eau ; le soldat court dans les karbets, n'en trouve point, va chez le garde-magasin, saisit un sapyra (espèce de soupière), plein d'eau de vaiselle, l'apporte au malade qui le saisit à deux mains, boit deux ou trois gorgées, et s'écrie : ah ! mon Dieu que c'est bon, vous me faites revivre ! il reprend le vase, le tarit avidement, et se sentant étouffer, aspire, et dit au moins j'ai encore vécu..... mais..... ah ! mon Dieu.... A ces mots il retombe dans son hamac, et expire.

Tel est l'affreux tableau des tourmens que, dans des tems révolutionnaires, des hommes, ou plutôt des cannibales, firent endurer à des hommes, leurs semblables, qui n'avaient d'autre tort que de ne pas partager les principes destructeurs de la révolution; qui n'avaient commis d'autre crime que de n'avoir pas capitulé avec leur conscience, en prêtant un serment qui répugnait à leur cœur. Ah ! s'ils trouvèrent loin de leur patrie une mort douloureuse, du moins ils expirèrent sans remords; et la paix de leur ame leur fit envisager l'éternité comme le prix réservé à leurs vertus.

Français ! félicitons-nous, plus que jamais, d'avoir vu fuir loin de nous ces tems désastreux ; et que le triste souvenir de tant de forfaits nous évite à l'avenir de pareils excès.

FIN.